Astrologie chinoise 2011

Astrologie chinoise

VICKI LEVINE

L'ANNÉE DU LIÈVRE DE MÉTAL

2011

LES ÉDITIONS
Quebecor
Une compagnie de Quebecor Media

Introduction

L'existence de l'astrologie chinoise remonte à très loin dans le temps. On ne peut en retrouver l'origine exacte, mais la légende veut que, vers 550 avant notre ère, le Bouddha, pressentant la fin de sa vie, ait invité tous les animaux à lui rendre visite. À cette invitation, seuls douze animaux se présentèrent. Par ordre d'arrivée, c'était le Rat, le Buffle (Bœuf), le Tigre, le Lièvre (Lapin ou Chat), le Dragon, le Serpent, le Cheval, la Chèvre (Mouton), le Singe, le Coq, le Chien et, enfin, le Sanglier (Cochon). C'est pour les remercier de leur présence que le Bouddha aurait institué une année en l'honneur de chacun d'eux : tout nouveau-né aurait les qualités de l'animal qui gouverne son année de naissance.

Puis, à chaque année dominée par un animal du zodiaque chinois, on a associé un élément, celui qui le caractérise le plus spécifiquement. Ainsi, chacun de nous se voit attribuer un animal et un élément selon son année de naissance. Par exemple, on sera Coq de Bois, d'Eau, de Métal... Les voici tous les cinq, avec leurs attributs.

Le Bois représente l'expansion, l'épanouissement, la générosité, la longévité et une belle vitalité. Les natifs du Bois sont généralement imaginatifs, souples et sociables. On les dit également chanceux.

Le Feu symbolise la chaleur, la joie de vivre, la générosité, l'expression et l'expansion. Les natifs du Feu s'imposent ; ils agissent, sont passionnés et parfois centrés sur eux-mêmes. Ils ont du charisme.

La Terre évoque l'attachement, l'esprit pratique, le réalisme, la prudence, la méthode et la capacité d'être rationnel. Les natifs de la Terre sont parfois calculateurs, mais ils ont des convictions inébranlables.

Le Métal représente la capacité de trancher, l'ambition, l'indépendance et le désir de liberté. Les natifs du Métal peuvent se montrer intransigeants. Ils réussissent bien sur le plan matériel.

L'Eau symbolise la sensibilité, les émotions, les sentiments, la tendresse, la créativité. Les natifs de l'Eau peuvent manquer d'ambition et se sentir vulnérables. Ils sont pourvus d'une très belle imagination et aspirent à l'harmonie.

Le tableau des années lunaires (voir les pages 9 à 12) vous permettra de déterminer votre signe. Comme l'année chinoise est basée sur le cycle de la Lune, elle commence vers la fin du mois de janvier ou au début du mois de février. Ainsi, en 2011, nous serons sous la gouverne du Tigre de Métal jusqu'au 2 février 2011, puis sous celle du Lièvre de Métal du 3 février 2011 au 22 janvier 2012.

Vous trouverez, à la page 13, votre ascendant selon l'heure de votre naissance. Ce dernier vient compléter votre personnalité. Si votre signe lunaire et votre ascendant sont identiques, vous doublerez les caractéristiques de votre signe. Supposons, par exemple, que vous soyez du signe de la Chèvre avec un ascendant Singe; votre douce personnalité cachera alors des qualités de stratège. Pour l'année, tenez compte des perspectives générales des deux signes ainsi que de celles de votre élément.

Enfin, à la page 14, apparaît un tableau montrant une année divisée en 24 parties d'une quinzaine de jours. Chaque signe domine à deux reprises durant l'année. Ainsi, pour les natifs du Coq, les deux périodes très propices de l'année iront du 22 juin au 5 juillet, puis du 7 au 22 septembre.

Que ce livre vous permette d'organiser votre vie de façon à vivre une année équilibrée, constructive et heureuse !

Tableau des années lunaires

Trouvez votre signe et votre élément selon votre date et votre année de naissance.

Signe	Élément	Date
Rat	Bois	5 février 1924 au 24 janvier 1925
Buffle	Bois	25 janvier 1925 au 12 février 1926
Tigre	Feu	13 février 1926 au 1er février 1927
Lièvre	Feu	2 février 1927 au 22 janvier 1928
Dragon	Terre	23 janvier 1928 au 9 février 1929
Serpent	Terre	10 février 1929 au 29 janvier 1930
Cheval	Métal	30 janvier 1930 au 16 février 1931
Chèvre	Métal	17 février 1931 au 5 février 1932
Singe	Eau	6 février 1932 au 25 janvier 1933
Coq	Eau	26 janvier 1933 au 13 février 1934
Chien	Bois	14 février 1934 au 3 février 1935
Sanglier	Bois	4 février 1935 au 23 janvier 1936
Rat	Feu	24 janvier 1936 au 10 février 1937
Buffle	Feu	11 février 1937 au 30 janvier 1938
Tigre	Terre	31 janvier 1938 au 18 février 1939
Lièvre	Terre	19 février 1939 au 7 février 1940
Dragon	Métal	8 février 1940 au 26 janvier 1941
Serpent	Métal	27 janvier 1941 au 14 février 1942
Cheval	Eau	15 février 1942 au 24 janvier 1943
Chèvre	Eau	25 janvier 1943 au 24 janvier 1944
Singe	Bois	25 janvier 1944 au 12 février 1945
Coq	Bois	13 février 1945 au 1er février 1946
Chien	Feu	2 février 1946 au 21 janvier 1947
Sanglier	Feu	22 janvier 1947 au 9 février 1948

Tableau des années lunaires (suite)

Trouvez votre signe et votre élément
selon votre date et votre année de naissance.

Signe	Élément	Date
Rat	Terre	10 février 1948 au 28 janvier 1949
Buffle	Terre	29 janvier 1949 au 16 février 1950
Tigre	Métal	17 février 1950 au 5 février 1951
Lièvre	Métal	6 février 1951 au 26 janvier 1952
Dragon	Eau	27 janvier 1952 au 13 février 1953
Serpent	Eau	14 février 1953 au 2 février 1954
Cheval	Bois	3 février 1954 au 23 janvier 1955
Chèvre	Bois	24 janvier 1955 au 11 février 1956
Singe	Feu	12 février 1956 au 30 janvier 1957
Coq	Feu	31 janvier 1957 au 17 février 1958
Chien	Terre	18 février 1958 au 7 février 1959
Sanglier	Terre	8 février 1959 au 27 janvier 1960
Rat	Métal	28 janvier 1960 au 14 février 1961
Buffle	Métal	15 février 1961 au 4 février 1962
Tigre	Eau	5 février 1962 au 24 janvier 1963
Lièvre	Eau	25 janvier 1963 au 12 février 1964
Dragon	Bois	13 février 1964 au 1er février 1965
Serpent	Bois	2 février 1965 au 20 janvier 1966
Cheval	Feu	21 janvier 1966 au 8 février 1967
Chèvre	Feu	9 février 1967 au 29 janvier 1968
Singe	Terre	30 janvier 1968 au 16 février 1969
Coq	Terre	17 février 1969 au 5 février 1970
Chien	Métal	6 février 1970 au 26 janvier 1971
Sanglier	Métal	27 janvier 1971 au 15 février 1972

Tableau des années lunaires *(suite)*

Trouvez votre signe et votre élément selon votre date et votre année de naissance.

Signe	Élément	Date
Rat	Eau	16 février 1972 au 2 février 1973
Buffle	Eau	3 février 1973 au 22 janvier 1974
Tigre	Bois	23 janvier 1974 au 10 février 1975
Lièvre	Bois	11 février 1975 au 30 janvier 1976
Dragon	Feu	31 janvier 1976 au 17 février 1977
Serpent	Feu	18 février 1977 au 6 février 1978
Cheval	Terre	7 février 1978 au 27 janvier 1979
Chèvre	Terre	28 janvier 1979 au 15 février 1980
Singe	Métal	16 février 1980 au 4 février 1981
Coq	Métal	5 février 1981 au 24 janvier 1982
Chien	Eau	25 janvier 1982 au 12 février 1983
Sanglier	Eau	13 février 1983 au 1er février 1984
Rat	Bois	2 février 1984 au 19 février 1985
Buffle	Bois	20 février 1985 au 8 février 1986
Tigre	Feu	9 février 1986 au 28 janvier 1987
Lièvre	Feu	29 janvier 1987 au 16 février 1988
Dragon	Terre	17 février 1988 au 5 février 1989
Serpent	Terre	6 février 1989 au 26 janvier 1990
Cheval	Métal	27 janvier 1990 au 14 février 1991
Chèvre	Métal	15 février 1991 au 3 février 1992
Singe	Eau	4 février 1992 au 22 janvier 1993
Coq	Eau	23 janvier 1993 au 9 février 1994
Chien	Bois	10 février 1994 au 30 janvier 1995
Sanglier	Bois	31 janvier 1995 au 18 février 1996

Tableau des années lunaires (suite)

Trouvez votre signe et votre élément selon votre date et votre année de naissance.

Signe	Élément	Date
Rat	Feu	19 février 1996 au 6 février 1997
Buffle	Feu	7 février 1997 au 27 janvier 1998
Tigre	Terre	28 janvier 1998 au 15 février 1999
Lièvre	Terre	16 février 1999 au 4 février 2000
Dragon	Métal	5 février 2000 au 23 janvier 2001
Serpent	Métal	24 janvier 2001 au 11 février 2002
Cheval	Eau	12 février 2002 au 31 janvier 2003
Chèvre	Eau	1er février 2003 au 21 janvier 2004
Singe	Bois	22 janvier 2004 au 8 février 2005
Coq	Bois	9 février 2005 au 28 janvier 2006
Chien	Feu	29 janvier 2006 au 17 février 2007
Sanglier	Feu	18 février 2007 au 6 février 2008
Rat	Terre	7 février 2008 au 25 janvier 2009
Buffle	Terre	26 février 2009 au 13 février 2010
Tigre	Métal	14 février 2010 au 2 février 2011
Lièvre	Métal	3 février 2011 au 22 janvier 2012
Dragon	Eau	23 janvier 2012 au 9 février 2013
Serpent	Eau	10 février 2013 au 30 janvier 2014
Cheval	Bois	31 janvier 2014 au 18 février 2015
Chèvre	Bois	19 février 2015 au 7 février 2016
Singe	Feu	8 février 2016 au 27 janvier 2017
Coq	Feu	28 janvier 2017 au 15 février 2018
Chien	Terre	16 février 2018 au 4 février 2019
Sanglier	Terre	5 février 2019 au 24 janvier 2020

Tableau des heures de souveraineté de chacun des signes

Trouvez votre ascendant selon l'heure de votre naissance.

Signe	Heures
Rat	23 h à 1 h
Buffle	1 h à 3 h
Tigre	3 h à 5 h
Lièvre	5 h à 7 h
Dragon	7 h à 9 h
Serpent	9 h à 11 h
Cheval	11 h à 13 h
Chèvre	13 h à 15 h
Singe	15 h à 17 h
Coq	17 h à 19 h
Chien	19 h à 21 h
Sanglier	21 h à 23 h

Les heures spécifiées ici correspondent au fuseau horaire de Greenwich. Visitez le site www.greenwichmeantime.com pour savoir à quelle heure correspond votre heure de naissance.

Ex.: Ajoutez 4 heures à votre heure de naissance si vous êtes né au Québec durant la période de l'heure d'été (de la mi-mars au début du mois de novembre). Ajoutez 5 heures à votre heure de naissance si vous êtes né au Québec durant la période de l'heure normale (du début novembre à la mi-mars).

Soustrayez 2 heures à votre heure de naissance si vous êtes né en France durant la période de l'heure d'été. Soustrayez 1 heure si vous êtes né en France durant la période de l'heure normale.

Les 24 souffles ou périodes propices pour chacun des signes

Jour	Date	Signe
1	4 au 19 février	Rat
2	20 février au 4 mars	Buffle
3	5 au 20 mars	Tigre
4	21 mars au 3 avril	Lièvre
5	4 au 20 avril	Dragon
6	21 avril au 4 mai	Serpent
7	5 au 20 mai	Cheval
8	21 mai au 4 juin	Chèvre
9	5 au 21 juin	Singe
10	22 juin au 5 juillet	Coq
11	6 au 11 juillet	Chien
12	12 juillet au 6 août	Sanglier
13	7 au 21 août	Sanglier
14	22 août au 6 septembre	Chien
15	7 au 22 septembre	Coq
16	23 septembre au 7 octobre	Singe
17	8 au 22 octobre	Chèvre
18	23 octobre au 6 novembre	Cheval
19	7 au 21 novembre	Serpent
20	22 novembre au 5 décembre	Dragon
21	6 au 21 décembre	Lièvre
22	22 décembre au 4 janvier	Tigre
23	5 au 20 janvier	Buffle
24	21 janvier au 3 février	Rat

L'année du Lièvre de Métal

Prudence, patience, réflexion, art de vivre, paix de l'esprit, sensualité sont quelques-uns des maîtres mots du Lièvre. Mais contrairement aux autres natifs du Lièvre, le Lièvre de Métal y ajoute ambition et astuce.

Accordez une grande place aux loisirs et aux plaisirs dans votre vie cette année tout en n'oubliant pas une certaine discipline afin de ne pas perdre vos privilèges. L'humour aura la part belle et les arts prendront un espace plus grand dans nos esprits. L'expression de soi sera au centre de nos intérêts, mais nous réaliserons que la solidarité peut influencer positivement chacun d'entre nous.

L'ambiance sera plutôt paisible et constructive. C'est une année sans changements marqués, qui se trouve un peu dans la même voie que celle qui se termine. Le calme et la paix de l'esprit, chacun voudra les préserver.

Le Lièvre

Lièvre de Feu : du 2 février 1927 au 22 janvier 1928

Lièvre de Terre : du 19 février 1939 au 7 février 1940

Lièvre de Métal : du 6 février 1951 au 26 janvier 1952

Lièvre d'Eau : du 25 janvier 1963 au 12 février 1964

Lièvre de Bois : du 11 février 1975 au 30 janvier 1976

Lièvre de Feu : du 29 janvier 1987 au 16 février 1988

Lièvre de Terre : du 16 février 1999 au 4 février 2000

Lièvre de Métal : du 3 février 2011 au 22 janvier 2012

Vous êtes... vertueux et prudent.

Toujours là où il faut, quand il faut et doué d'une grande mémoire, vous êtes d'une efficacité remarquable.

De tempérament chaleureux, rien ne vous réjouit plus qu'une réunion entre proches.

La personnalité du Lièvre

Le Lièvre est prudent et réfléchi. Il aime vivre dans un environnement paisible. C'est un raffiné qui apprécie ce qui est rare, ce qui vient de loin, ce qui est beau et bon. Bref, il a des goûts luxueux. Par ailleurs, il préserve sa tranquillité. Il n'est pas très ambitieux et n'apprécie pas les rapports de force. Cela dit, s'il veut atteindre un but, son esprit astucieux compensera son manque d'ambition.

Le Lièvre est un bon confident. Il semble avoir beaucoup d'assurance, mais il se ferme s'il ne se sent pas en confiance. Ayant d'excellentes manières, il est souvent plus sophistiqué que les gens qui l'entourent. Il n'est pas rare qu'il voie les autres de haut. Il n'aime pas beaucoup la familiarité. Dans ses relations sociales, il est toujours courtois et diplomate, mais il ne se défait pas facilement de son masque. Bien qu'il aime la compagnie, il est également solitaire et il se plaît généralement très bien seul.

Dans ses activités, le Lièvre est avant tout intéressé à gagner confortablement sa vie. Si son travail lui apporte cela, ça ira ; autrement, il ne sera pas heureux. Il a d'abord besoin de sécurité. Malgré tout, il a un bon sens des affaires, il sait profiter des occasions et peut dénicher ce qui en vaut la peine grâce à sa lucidité naturelle. Il peut manœuvrer habilement, car il allie la compétence à la douceur. Il aime gagner et peut parfois être mauvais perdant. Il peut manipuler les situations de manière qu'elles tournent à son avantage. S'il sent qu'il pourrait perdre, il se retire. Le Lièvre a un excellent sens de l'adaptation, ce qui lui est très utile, quel que soit le type d'emploi qu'il occupe. Il est studieux et curieux. Ce n'est pas non plus un geignard : il préfère s'adapter ou trouver des solutions plutôt que de s'apitoyer sur son sort. Il évite aussi les situations conflictuelles. Il n'a pas tendance à s'impatienter et il a une bonne concentration, ce qui fait de lui un employé recherché. Il peut recueillir une somme incroyable d'informations et accepte volontiers de prendre ses responsabilités. Mais s'il est dans un bateau qui coule, il le quittera le plus rapidement possible : les crises ne lui conviennent pas, il cherche la paix d'abord.

En matière d'argent, on n'achète pas le Lièvre. Il est prudent, relativement économe, donc il n'est pas tenté de jeter son argent par les fenêtres pour impressionner les gens. Une fois ses besoins satisfaits, il a tendance à ne pas aller plus loin. C'est un collectionneur-né qui sait faire de bonnes affaires. Comme il aime bien prévoir et calculer, on peut croire qu'il est égoïste, mais il n'en est rien. C'est simplement que son amour du confort en fait un être passablement matérialiste.

Dans ses affections, le Lièvre devine souvent ce que les autres pensent et leurs véritables motivations. En ce sens, on pourrait dire qu'il est fin psychologue. Il ne prend pas facilement parti, il peut écouter, conseiller, mais pas vraiment défendre avec fougue. Il est sociable, tout en étant timide. Il se fait facilement des amis, car il peut faire partie de plusieurs groupes sociaux. Il aime son clan et se sent à l'aise avec ses proches. Pour être au mieux avec un natif du Lièvre, il faut le traiter avec égards. Il est prudent et sage, et il tient à être respecté.

En amour, il est tendre, sensible et romantique. Il sera plus heureux avec un partenaire qui, comme lui, cherche la douceur, le luxe, la volupté et une vie tranquille et protégée. Il peut rompre (toujours poliment) quand il fait la rencontre d'une personne qui lui semble plus intéressante. Il prendra son temps et établira ses distances avec... diplomatie. Madame Lièvre est délicate en tout. Elle adore recevoir et être entourée. Elle a un sens de l'humour très fin. Monsieur Lièvre porte grand soin à sa tenue ; d'ailleurs, il ne manque pas d'admirateurs. Les natifs du Lièvre sont fidèles, une fois qu'ils sont établis.

Ses rôles

- L'enfant est un modèle de bonne conduite.
- Le parent est affable. Il protège et inspire ses enfants.
- L'amoureux est affectueux et tendre. Il fixe les règles du jeu.

- L'ami ou le collègue est dévoué et attentif. Il aime bien que les gens qu'il fréquente soient aussi raffinés que lui.
- En affaires, il est modéré, mais il ne se laisse pas berner. C'est un bon associé.
- Le patron délègue ses pouvoirs. Il aime l'harmonie et apprécie les gens prévoyants.
- L'enseignant est structuré et patient. Il enseigne par l'exemple.
- L'ennemi fait l'indifférent ; il dissimule son agressivité et patiente le temps qu'il faut !

Ce qu'il représente

Les Chinois attribuent au Lièvre deux grandes qualités : la lucidité et la clairvoyance. Autrefois, les forgerons chinois croyaient qu'en son fiel on trouvait un élément magique qui rendait les épées indestructibles. On associe le Lièvre à la prospérité de la famille.

Les éléments

Le Lièvre de Métal est sensuel, raffiné, astucieux et ambitieux. Il a besoin de liberté et de pouvoir pour s'épanouir. Il aime l'art. L'élément Métal peut lui donner un caractère dur.

Le Lièvre d'Eau est émotif et un peu superficiel. L'élément Eau, en relation avec la sensibilité et les émotions, lui confère une grande réceptivité, de l'imagination et le besoin d'harmonie. C'est un être intuitif.

Le Lièvre de Bois est compréhensif et tolérant. L'élément Bois favorise chez lui l'expansion et l'épanouissement, le bonheur et la générosité. Le natif se caractérise par une vitalité équilibrée.

Le Lièvre de Feu est tendre, chaleureux et influençable (besoin de réconfort). L'élément Feu le pousse à s'extérioriser. Il lui confère chaleur, générosité et joie de vivre, mais il peut aussi le rendre excessif.

Le Lièvre de Terre est constant et sceptique. L'élément Terre renforce son sens de la réalité et son esprit pratique. Le natif est un possessif, attaché aux biens matériels. Il est également prudent, constant, calculateur et rationnel.

Harmonies et conflits

++ Le Lièvre s'entend très bien avec la Chèvre et le Sanglier. Ces trois-là se caractérisent par leur amabilité, leur intuition et leur capacité à collaborer. Avec la Chèvre, la compréhension est réciproque ; c'est d'ailleurs l'une des meilleures combinaisons. Le Lièvre et le Sanglier sont tous deux amoureux des plaisirs.

\+ Le Lièvre et le Chien ont beaucoup d'affection l'un pour l'autre. Le Lièvre s'entend également avec le Serpent, à condition que l'un des deux ne dresse pas une barrière imaginaire. Le Lièvre et le Buffle partagent de nombreux points communs ; tandis que le Buffle travaille, le Lièvre le regarde et se repose.

– Le Lièvre ne s'entend généralement pas avec le Coq. Le côté dominateur du Coq hérisse le Lièvre.

Prévisions pour le Lièvre

Ils ne savaient pas que c'était impossible,
alors ils l'ont fait.

Mark Twain

Du 3 février 2011 au 22 janvier 2012

En 2011, vous aurez le vent dans les voiles, de la curiosité et une forte indépendance d'esprit. Vous retrouverez également un enthousiasme qui vous a peut-être fait défaut durant les derniers mois. Si l'an dernier vous avez pu faire un bilan de votre situation, vous serez en mesure de démarrer sur de nouvelles bases au cours du printemps et de l'été. Autrement, prenez un moment en début d'année pour vous fixer des objectifs précis, et vous verrez que vos rêves se réaliseront avec une relative facilité (il faudra tout de même y mettre votre ardeur) et un peu de temps.

Il sera important d'accueillir cette nouvelle énergie et de ne pas gaspiller vos chances d'améliorer toute situation. Vous serez créatif, c'est-à-dire que vous analyserez tout avec imagination. Vous n'aurez pas tendance à répéter ce qui est ancien, traditionnel, ce qui a été trop vu ! Vous voudrez vivre selon vos propres croyances et aspirations.

Notez que rien ne vous empêchera d'occuper le même emploi, de vivre en compagnie des mêmes personnes, d'avoir les mêmes activités que l'an dernier: c'est intérieurement que le changement de perspective se réalisera. C'est une bonne période pour les commencements. C'est votre année qui débute, celle qui vous permet de remettre les compteurs à zéro; profitez-en pleinement.

Enfin, on verra votre talent, vos qualités, et la ténacité dont vous êtes capable. Vous pourrez relever de nouveaux défis, vous aurez du courage et si votre vie vous semble à l'occasion un peu répétitive, sachez que vous vivrez d'heureux étonnements au cours des mois à venir, en particulier grâce à votre état d'esprit.

Un seul bémol: vous aurez tant d'énergie et d'indépendance qu'il vous arrivera d'ignorer les autres, vos proches, vos amis, vos collègues... Vous serez telle une personne qui marche en montagne avec un groupe et qui s'en éloigne en avançant un peu plus vite que les autres. Un nouveau cycle est un peu comme une naissance; on s'enthousiasme pour tout ce qui semble inconnu et surprenant, on goûte à tout, mais on oublie parfois que les autres aiment notre compagnie et que nous aussi aimons la leur. L'étape que vous amorcez pourrait tellement vous galvaniser que vous oublieriez vos besoins de présence au quotidien. Si vous gardez cela en tête, vous éviterez aisément de faire preuve de trop d'indépendance.

Une fois de temps en temps, au cours de l'année, rappelez-vous que chacun suit son propre rythme et qu'un bon art de vivre consiste à se respecter et à s'accompagner soi-même, tout en restant à l'écoute et aux côtés de ceux qu'on aime. Vous serez en mesure de participer à cette harmonisation au cours des prochains mois; avec cette simple idée en tête, vous ferez beaucoup de chemin.

Vos amours

Côté cœur, vous plairez beaucoup durant les prochains mois. Entendez les compliments et accueillez les sentiments tendres des gens qui vous entourent. Rappelez-vous que la personne qui sait recevoir sait aussi donner, que celle qui sait donner sait également recevoir. Vous découvrirez qu'on vous aime encore plus que vous ne le pensiez. Vous serez en état de grâce de constater à quel point certains de vos proches sont capables de vous comprendre. C'est qu'en fait vous aurez une bonne estime de soi et davantage d'assurance quant à vos capacités et à vos qualités, ce qui modifie souvent la perception des gens.

Pour vous, 2011 est sous le signe de la confiance intérieure retrouvée ; une nouvelle énergie vous accompagne. Les gens que vous côtoyez le sentiront et ils verront que vous êtes un pôle solide, quelqu'un à qui l'on peut se fier et une personne loyale et inspirante. Vous irez facilement de l'avant. Si le moment est venu pour vous de faire un choix de vie, vous serez capable de prendre les décisions qui s'imposent. Vous n'aurez pas grand-chose du suiveur durant les prochains mois, c'est une année d'expression et de choix cruciaux.

La vie possède un secret,
celui du constant étonnement.

Gilbert Keith Chesterton

Si vous êtes en couple, vous susciterez l'admiration et de tendres sentiments au cours des prochains mois. Vous aurez l'impression nette d'avoir le haut du pavé. Vous serez également sensible aux compliments et il vous plaira d'être aimé. Si votre partenaire a tendance à vous manifester ouvertement enthousiasme et amour, vous serez aux oiseaux ; autrement, vous serez en mal de reconnaissance et vous pourriez en ressentir une certaine amertume. Plutôt que de vous isoler, ce serait une bonne idée de réfléchir aux façons d'amener votre partenaire de vie à plus de tendresse à votre égard. En étant vous-même attentif à la personne que vous aimez, tout se simplifiera.

Par ailleurs, vous ressentirez le désir de vous affirmer et votre vie de couple pourrait s'en ressentir à quelques reprises au cours des prochains mois. Si votre partenaire de vie est émotionnellement stable, tout ira bien. Si, au contraire, il veut être au centre de l'attention, il pourrait y avoir quelques flammèches entre vous deux, et des conversations corsées sur vos rôles respectifs ! Dans ce dernier cas, souvenez-vous que les escapades hors du quotidien sont toujours bénéfiques.

D'une certaine manière, l'amour passe tout de même au second plan pour vous cette année. Vous ressentirez un besoin plus impérieux d'exister par vous-même, d'exprimer vos talents, d'être vraiment la personne que vous êtes. Une part d'individualisme vous absorbera. Pensez à un bébé qui naît, à sa première année de vie, il est charmant, il est émerveillé, mais sa générosité n'est pas encore développée ; il est lui-même l'Univers entier. Eh bien, le cycle que vous commencez cette année – il durera 12 ans – comporte des ressemblances avec cette image du bébé. On y trouve de l'émerveillement, de la créativité, mais aussi une certaine incapacité de se préoccuper vraiment des autres. Bref, mieux vaudra qu'on s'occupe de vous.

Cela dit, faites attention de ne pas vous enliser dans l'égoïsme sous prétexte de vous individualiser. Vivre en bonne entente dans l'intimité est tout aussi important que de se réaliser. Vous êtes de nature tendre et douce, ne vous laissez pas guider par un sentiment de toute-puissance.

Si vous êtes célibataire, vous ferez partie des célibataires heureux. Peu nostalgique, passionné par votre quotidien, intéressé à ce qui vous entoure (aux gens comme aux activités), ne pas vivre une relation intime stable ne vous affectera pas, bien au contraire. Vous ferez diverses rencontres amicales ou même intimes, mais sans sentir l'urgence de vivre en couple. C'est peut-être là le meilleur état d'esprit pour vivre en harmonie avec tous et même, sait-on jamais, pour faire une rencontre déterminante. Quand on a moins besoin des gens, ils apprécient davantage notre compagnie, et nous la leur.

Dans tous les cas, que vous soyez content ou non de votre situation de célibataire, prenez le temps de vivre lentement et ne vous croyez pas obligé de vivre en couple au plus vite, à cause de la pression des gens de votre entourage. Suivez votre inclination, choisissez votre chemin, oubliez les autres ; vous n'êtes pas obligé de plaire à tout le monde.

Si vous faites une rencontre, prenez le temps de voir ce qu'il en est vraiment. Ne bousculez rien. Il s'agit d'être heureux, pas de vous associer à toute vitesse à une personne avec qui vous n'auriez en fin de compte que peu d'atomes crochus.

Que vous soyez en couple ou célibataire, vous ressentirez un grand besoin de vous affirmer et de vous libérer. Respectez cette nécessité de votre vie, et vous serez dans la bonne voie. Si vous choisissez d'ignorer cet appétit d'être vous-même, si vous vous laissez trop influencer pas les autres, vous vivrez des tensions intérieures inutiles.

Rappelez-vous qu'il est tout à fait possible d'honorer vos désirs et vos besoins tout en respectant ceux de la personne aimée et de vos proches. Tout de même, préparez-vous à défendre votre point de vue.

Cœur attention !

On pourrait vous reprocher votre individualisme ou, pire, un certain égocentrisme. Ce n'est pas dans votre nature, c'est ce cycle, cette renaissance, qui vous rendent ainsi. Réfléchissez tout de même avant d'agir.

Cœur atout !

- On vous complimentera, on vous donnera le bon Dieu sans confession et c'est tant mieux, mais pas d'arrogance !
- Vous aurez de l'énergie à revendre et votre enthousiasme sera contagieux.

Vos activités

Dans vos diverses activités, vous bénéficierez de la confiance des gens que vous côtoyez. On s'inspirera de vos suggestions et on suivra vos idées. Vous exercerez une influence claire dans votre milieu de travail ou dans diverses activités.

Ce n'est pas l'année idéale pour travailler avec trop de monde. Vous n'aurez pas un esprit d'équipe très fort durant les mois à venir, à moins que cette équipe ne vous réserve un rôle à votre mesure. S'il vous faut laisser trop souvent passer les autres devant vous, vous vous désintéresserez rapidement. Si, au contraire, on reconnaît votre talent, vous pourrez œuvrer pour le groupe. Vous aimerez avoir une bonne marge de manœuvre et pas mal de liberté d'action.

C'est une période favorable pour commencer un projet, vous lancer dans un nouvel emploi, entreprendre des études, apprendre et explorer. Pensez à inclure quelque chose de neuf dans votre quotidien, par exemple à faire un apprentissage qui vous tente depuis longtemps. Apprendre garde jeune, ne l'oubliez pas. Comme vous serez dans une forme exceptionnelle pour des activités qui exigent le sens de l'exploration et la nouveauté, fuyez les activités trop répétitives.

Votre individualisme sera utile en ce sens qu'il vous donnera l'occasion de ne pas vous imaginer que les autres ont plus que vous et que leur jardin vaut plus que le vôtre. Vous comprendrez tout à fait l'adage qui dit: « Ne regarde pas, même subrepticement, dans le jardin du voisin », pour la bonne raison que vous ne verrez que votre jardin.

Allez de l'avant, croyez en vos idées, amorcez de nouveaux projets ou des études, tâchez de collaborer avec les autres sans toujours vous croire obligé de les suivre, car vous n'aurez rien d'un mouton cette année.

Les patrons, les collègues et les associations

Si vous n'avez jamais eu le désir d'occuper un poste de responsabilité, vous pourriez changer d'avis sous peu. Vous exercerez un certain pouvoir sur les autres, que celui-ci soit officiel ou pas. Vous aurez une forte influence sur les gens grâce à votre enthousiasme et à votre énergie.

Si on vous propose de grimper un échelon, s'il vous vient à l'esprit d'accéder à un poste important, gardez tout de même en tête qu'avec plus de pouvoir vient davantage de responsabilités. Avec les patrons, gardez les pieds sur terre et restez conscient de ce qu'ils attendent de vous.

Plus individualiste que dans les dernières années, vous vous entendrez bien avec un ou deux collègues, pas plus. Restez auprès des gens avec lesquels la communication est bonne, éloignez-vous poliment des autres.

Ne privilégiez pas les nouvelles associations à moins d'être absolument certain des gens avec qui vous vous engagez. Dans la plupart des cas, il vaudra mieux faire cavalier seul cette année.

Du côté des rapports avec les gens que vous servez (clients, patients, étudiants ou autres), vous serez obligé de cultiver la patience, ce qui pourrait être éprouvant !

Une ou deux clés dans vos activités

- Si vous devez faire cavalier seul, ça ne vous sera pas difficile.
- Privilégiez les tâches créatives ; les travaux monotones et d'exécution vous ennuieront.

L'argent et les biens

Vous serez protégé en ce qui a trait à vos biens personnels et à vos gains durant les mois qui viennent. Si vous êtes dans une situation stable, vous vous contenterez de ce que vous avez et vous n'aurez pas tendance à en vouloir davantage. Plus instable, il faudra freiner un peu votre goût de dépenser et accepter de vous discipliner pour atteindre un revenu satisfaisant.

Si votre personnalité vous porte à vous intéresser aux questions d'argent, vous aurez la possibilité d'augmenter vos gains durant les mois qui viennent. En fait, votre créativité étant à son maximum, elle agira aussi sur les bénéfices financiers. Si le monde matériel vous agace un peu, vous aurez intérêt à devenir un peu plus attentif à ces questions. Sans devenir une personne très matérialiste, vous pourriez mieux comprendre durant les mois à venir les possibilités de liberté que donnent certaines acquisitions.

Vous serez imaginatif durant les prochains mois et vous pourriez trouver un moyen inusité d'augmenter votre revenu. Vous serez également dépensier et vous vous découvrirez peut-être des goûts de luxe que vous ne vous connaissiez pas. Essayez de ne pas dépenser plus que ce que vous gagnez !

Une ou deux astuces pour augmenter votre pécule

- Comptez avant de dépenser.
- Vous ferez des gains par un moyen inusité et nouveau.

La forme, la santé, les loisirs

Vous serez en bonne forme physique et psychologique durant les prochains mois. Vous pourriez découvrir un sport ou un loisir qui vous ferait un grand bien. C'est une bonne année pour commencer à faire une activité qui vous passionnera. Pourquoi ne pas apprendre une langue étrangère, ou bien à dessiner, à broder, à jouer au golf? Pourquoi ne pas reprendre une activité que vous avez déjà tellement appréciée? Vous pourriez adorer faire de la marche en montagne, de l'équitation, de la course à pied, du tennis...

Comme vous ne serez pas très grégaire, il vaudrait mieux privilégier les activités qui se font seul ou à deux. Vous serez vif d'esprit et certains jeux dits cérébraux pourraient vous intéresser. Autre loisir qui vous plairait: voyager. En fait, votre quotidien se transformera en un grand voyage cette année. Vous aurez un sens de l'émerveillement nouveau et un bel appétit de vivre, profitez-en bien. Si vous choisissez de voyager, vous aurez le goût de l'exploration, ce qui sera un atout énorme.

Côté santé, vous aurez beaucoup d'énergie au cours des prochains mois, et si vous faites du sport, vous en profiterez encore plus. N'hésitez pas à vous inscrire dans un centre sportif ou à vivre dans la nature. Vous aurez peut-être la dent sucrée; il sera avantageux pour votre santé de freiner un peu vos désirs pour la restauration rapide.

L'amitié

Du côté des amitiés, il est possible que vous ayez le sentiment d'avoir moins d'amis, mais vous saurez que vous en avez de bons. Plus centré sur vous-même et sur les gens de votre intimité, vous serez d'humeur plus amoureuse et familiale qu'amicale. Vous pourriez même vous éloigner d'un groupe d'amis.

Vous serez tout de même en bons termes avec les gens qui partagent les mêmes goûts et qui s'intéressent aux mêmes sujets que vous.

La famille

Votre esprit de famille sera fort durant les mois qui viennent, car vous serez très à l'aise dans l'intimité. Si on vous donne le beau rôle, tout se déroulera bien. Si vous sentez que vous n'êtes pas reconnu à votre juste valeur, vous aurez tendance à bouder ou à vous éloigner un peu.

Vous serez cette année en bonne position pour guider un proche vers de meilleurs choix de vie. N'imposez pas vos vues, essayez plutôt de faire voir à l'autre les avantages de prendre tel ou tel chemin. En tant que guide, vous n'aurez pas votre pareil ; faites simplement attention de montrer par l'exemple plutôt que par les conseils, c'est toujours plus inspirant.

Ce qu'on aimera de vous cette année

On aimera votre enthousiasme, votre sens de l'étonnement, votre énergie. On appréciera aussi votre sens de l'honneur et votre imagination fertile.

Votre défi

Prendre la place qui vous revient sans pour autant faire d'ombre aux autres.

L'année selon votre élément

Si vous êtes né Lièvre de Métal

Rien ne vous résistera en cette période absolument intéressante pour les gens de votre signe. Vous aurez à la fois la maturité, l'énergie et l'enthousiasme pour aller de l'avant dans tout ce qui vous attire, qu'il s'agisse d'une personne ou d'un projet. Il n'y a rien à votre épreuve, sauf peut-être de temps à autre le rappel que le temps passe. Mais si vous constatez qu'effectivement il passe, vous réaliserez du même coup que vous êtes maintenant en mesure d'organiser votre vie pour qu'elle soit agréable. Plus maître de votre destinée, libérez-vous de certaines responsabilités, vous amorcerez une période palpitante. Soyez attentif à répandre du bonheur autour de vous, et tout ira comme sur des roulettes.

Si vous êtes né Lièvre de Feu

Vous serez en grande forme cette année, et le plus difficile pour vous sera de le faire comprendre à votre entourage qui tiendra à vous faciliter la vie alors que vous n'en aurez aucun besoin. Vous aurez de l'imagination à revendre et l'énergie nécessaire pour concrétiser tout projet. Si vous n'êtes plus très jeune, cela vous touchera de la même façon et vous pourriez même amorcer de nouvelles activités. Soyez actif physiquement, cela vous sera nécessaire. Gardez les yeux ouverts, car vous pourriez faire une rencontre intéressante. Pour ceux qui finissent un cycle, tout se passera harmonieusement ; vous serez capable de mettre la touche finale à une activité et d'en amorcer une autre avec grâce. Vous réchaufferez le cœur des gens de votre entourage.

Si vous êtes né Lièvre d'Eau

Intuitif de nature, vous le serez encore davantage durant les prochains mois. Dans les faits, on ne pourra rien vous cacher tant vous ressentirez les gens que vous côtoyez. Il faudra peut-être même vous protéger un peu pour ne pas absorber tout ce que l'entourage projette. En ce qui concerne vos activités, il pourrait bien y avoir une éclaircie dans votre vie qui viendra tout faciliter. Vous aurez de la chance cette année, et vous n'aurez qu'à la saisir. C'est une période propice au renouveau. Tâchez de commencer l'année en faisant de l'ordre au moins dans votre tête afin de voir où vous en êtes, et ensuite vous pourrez semer, puis récolter !

Si vous êtes né Lièvre de Terre

Vous serez assez peu attiré par le quotidien et vous pourriez vous découvrir une nouvelle passion du genre astronomie, physique, nouvelles technologies... Vous apprendrez beaucoup au cours des mois à venir. Cultivez-vous, cela vous ressourcera. Vous pourriez également augmenter votre pécule en faisant quelques gestes appropriés. Vos rapports avec les proches seront constants, harmonieux. Ils vous découvriront des qualités qu'ils semblaient ignorer et cela vous fera plaisir. Ce sera somme toute une année paisible et constructive.

Si vous êtes né Lièvre de Bois

S'il y a une chose que vous pourriez apprendre cette année, c'est de savoir vous défendre. On ne vous attaquera pas spécialement, mais comme vous êtes de nature très souple et très accueillante, des gens peut-être mal intentionnés peuvent parfois vouloir en profiter. C'est un bon moment pour établir vos limites et pour faire comprendre aux autres (les proches comme les moins proches) que vous êtes parfaitement respectueux d'eux, tout en ayant ce même respect envers vous-même. Par ailleurs, vous serez particulièrement créatif durant les prochains mois, et il pourrait y avoir des naissances de projets ou même d'un enfant dans votre vie. Si vous souhaitez vous stabiliser, c'est un excellent moment.

Au fil des mois

Janvier

Il serait bon de dire ce que vous pensez avec douceur durant les prochaines semaines et de ne pas vous agacer de ce qui n'en vaut pas la peine. Vous serez tout de même dans une forme exceptionnelle, et vous aurez du succès auprès des gens. Matériellement, vous aurez une attitude un peu excessive, il vaudrait mieux freiner les dépenses. Vous pourriez par ailleurs acquérir un bien que vous n'espériez pas. Côté cœur, vous aurez besoin de tranquillité et de paix avec l'être aimé. Si vous êtes célibataire, vous en profiterez pour voir vos amis. Ne vous pressez pas et ne forcez pas la note, mais ouvrez les yeux bien grands, il est possible que vous côtoyiez depuis un moment quelqu'un avec qui vous seriez bien. C'est le mois des résolutions : limitez-vous à une ou deux, et tenez-les.

Février

Vous éprouverez le besoin d'un nouveau défi. Prenez le temps d'y penser et vous pourrez amorcer un projet intéressant. Vous serez exigeant envers vous-même en cette période de l'année. Intéressez-vous de près à votre emploi du temps et maximisez vos résultats en réorganisant certaines activités. Par ailleurs, vous serez sociable et vous aurez du plaisir à voir du monde, même si la saison s'y prête plus ou moins ; n'hésitez donc pas à lancer quelques invitations. Au boulot (si vous êtes au travail), n'hésitez pas à déléguer ou à faire appel aux connaissances d'un collègue. Dans vos loisirs, vous aurez une approche détendue. Votre situation sentimentale sera stable et peut-être un peu au ralenti. Pas de conflits à l'horizon, peut-être quelques ajustements. Pour ce qui est de votre santé, prenez le temps de vous amuser, cela compte pour beaucoup dans une vie agréable.

Mars

Dès la deuxième semaine du mois, vous vous intéresserez à l'atteinte de vos objectifs. Si vos affaires ne sont pas parfaitement en ordre, vous vous dépêcherez d'y remédier. Vous excellerez en la matière, mais il ne servirait à rien de vous rebeller si votre situation matérielle n'est pas aussi bonne que vous le désirez. La discipline paiera. Du côté des amitiés, vous retrouverez les copains avec grand plaisir dans les prochaines semaines. Surtout, ne vous privez pas de sortir, car cela vous ferait le plus grand bien. Côté cœur, vous serez sensible et un peu secret, mais vous aimerez bien vous confier et ne direz pas non à des soirées intimes. Gardez-vous des moments de tranquillité, vous pourrez ainsi vous ressourcer.

Avril

Voici un mois durant lequel vous sentirez que vous êtes capable d'un bon équilibre, tant dans vos relations intimes et sociales qu'intérieurement. Cela dit, vous pourriez avoir envie d'un peu plus de stabilité sur certains plans alors que les événements auront tendance à se succéder à un rythme fou. En cette saison, vous serez tendre comme du bon pain, vous rêverez tout haut, et certains de vos rêves pourraient se concrétiser. Si vous êtes en couple, avec votre partenaire de vie vous serez actif, en forme, et tenté de faire des activités qui vous plaisent à tous deux. Célibataire, vous ne serez pas à l'abri d'un coup de cœur. Côté travail, vous aurez peut-être à supporter une situation qui ne vous convient pas vraiment. Efficace, vous ferez ce que vous avez à faire, tout en espérant des changements. Rendez service et attendez patiemment le temps de la détente.

Mai

Vous vous intéresserez à des questions d'organisation et de structures. À la maison, vous pourriez faire des changements, majeurs ou non. Très bonne vie sentimentale en cette période. Si vous êtes célibataire, vous vous sentirez un peu oppressé par tout cet amour que vous avez à donner. Demandez à des amis qu'on vous présente quelqu'un ou essayez de trouver un moyen de faire des rencontres. Si vous êtes en couple, vous serez à l'écoute de l'être aimé et vous sentirez que bien des difficultés s'aplanissent ainsi. Dans tous les cas, vous aurez le cœur sur la main et vous rendrez service à des proches. En matière d'argent, vous vous rendrez compte que votre situation n'est pas si mal. Des projets d'été pourraient vous tenir occupé. Finalement, vous profiterez de la saison pour vous occuper de votre santé... en passant par votre beauté.

Juin

Votre intelligence sera en éveil durant les prochaines semaines, mais vous aurez tendance à être assez impulsif si les gens qui vous entourent ne vous semblent pas vraiment intéressants. Vous serez, par ailleurs, à l'écoute des membres de votre famille ce mois-ci, et vous vous entendrez avec tous, mis à part peut-être un frère ou une sœur qui souhaiterait discuter de certaines questions. Côté cœur, c'est par une communication sincère que vous serez heureux. À la maison, si votre ménage du printemps n'est pas terminé, ce sera le moment ou jamais de vous lancer dans l'amélioration d'une pièce. Vous serez inspiré. Allez de l'avant dans un projet, il est temps de mettre la dernière touche à quelque chose. Vous deviendrez un peu moins volontaire au fil des jours. Vous profiterez de la belle saison.

Juillet

Vous aurez de l'empathie pour chaque personne que vous côtoyez et vous saurez créer un climat propice à l'entente. Vous tiendrez compte de ce que les gens souhaitent. Dans vos activités, vous relèverez tout défi avec plaisir et talent. À la maison, en famille, vous prendrez conscience de certains faits, vous comprendrez mieux certains de vos proches, vous verrez les choses sous un nouvel angle. Côté cœur, vous suivrez plutôt l'être aimé qui voudra prendre des initiatives. Si vous êtes célibataire, profitez-en pour vous amuser. Dans tous les cas, vous serez très sociable ce mois-ci, et il sera important de vous détendre et de délaisser un peu une tendance à vous préoccuper de tout et de chacun. Profitez pleinement de la vie et des beaux jours. Devant tout ennui ou problème, vous trouverez une solution. Votre imagination sera vive.

Août

Vous aurez le sens des affaires ce mois-ci. Vous dépenserez peut-être simplement moins, malgré la période des vacances, ou alors vous ferez un investissement rentable. Quoi qu'il en soit, voyez de près à vos biens, faites de l'ordre, vous ne le regretterez pas. Si vous travaillez à un projet depuis un bon moment, vous y mettrez la dernière main et vous serez satisfait des résultats. Un ennui qui ne semblait plus vouloir se résorber trouvera sa solution dans les semaines qui viennent. Côté cœur, on cherchera à vous plaire, et l'être aimé se mettra en quatre pour vous faire plaisir. Si vous êtes célibataire, vous charmerez plus d'une personne. Votre créativité est très forte ces temps-ci. Si vous êtes jeune parent, vous serez comblé de bonheur. Dans tous les cas, la saison vous ira comme un gant.

Septembre

Vous aurez ou de la chance ou des idées intéressantes pour faire avancer un projet qui vous tient à cœur. Vous serez également curieux de tout en cette période, et vous tirerez le meilleur parti d'une situation qui semble problématique. En amour, ne prenez pas la vie trop au sérieux. Voyez-la comme un jeu, il n'est pas bon de trop s'en faire. Voyez vos amis, vous serez le boute-en-train de votre groupe. Au travail, vous vous adapterez à tout changement, à toute situation. Organisez-vous pour diversifier vos tâches, autrement vous trouverez l'automne long. Si vous êtes quelque peu dispersé de nature, préparez-vous à la rentrée en nommant précisément vos objectifs de la saison. Si la personne que vous aimez est un peu à cran, votre humour la déridera.

Octobre

Vous aurez peut-être un peu de difficulté à faire valoir votre point de vue auprès des gens dans les prochaines semaines. En fait, il vaudra mieux agir posément et répondre à leurs attentes sans essayer de faire valoir vos idées. C'est le moment idéal pour faire de l'ordre dans vos papiers, à la maison ou au travail, car vous serez méthodique et intéressé aux menus détails du quotidien. Dans vos amours, ce mois pourrait se révéler heureux. Laissez-vous aller, dites ce que vous ressentez, osez vous ouvrir, faites des gestes en lesquels vous croyez, soyez franc tout en étant délicat, et vous ferez à la fois votre bonheur et celui de la personne que vous aimez. Même si la famille vous tient occupé, vous ne négligerez pas vos amitiés. En matière d'argent, les dépenses de la rentrée pourraient vous sembler exagérées.

Novembre

Vous prendrez plaisir à rendre service en ce mois d'automne. Qu'il s'agisse de la famille, d'amis, de gens que vous côtoyez au travail ou de vos activités, vous saurez vous rendre utile et donner des avis succincts, mais justes. Votre jugement sera bon. Intérieurement, vous aurez besoin de vivre des temps de retrait et de solitude. C'est en étant un peu seul que vous vous ressourcerez et que vous arriverez à préciser certaines questions. Écoutez de la musique... regardez de bons films. Cela dit, vous aurez aussi le cœur sur la main et vos proches se trouveront bien en votre compagnie. Votre expérience sera appréciée. En matière d'argent, vous atteindrez un objectif moyennant une certaine discipline : pas de miracle.

Décembre

En cette fin d'année, vous serez dans une excellente forme à tous points de vue, mais en particulier en ce qui touche l'intimité et les relations sentimentales. Vous vivrez une éclaircie du cœur. Choyez les personnes que vous aimez, occupez-vous bien d'elles, vous saurez vraiment leur faire plaisir. Si vous êtes célibataire, osez quelques pas en direction d'une personne qui vous plaît. En matière de finances personnelles, que ce soit dans le cadre de votre emploi ou celui de votre vie personnelle, vous saurez composer de façon à tirer le meilleur parti de la réalité, mais vous pourriez trouver que les dépenses sont nombreuses. L'an prochain, vous trouverez le moyen de faire des gains supplémentaires. Vous deviendrez franchement habile du côté des communications vers la fin du mois. Vous adorerez toutes les formes de discussion et vous ferez connaître votre point de vue sur tout, de même que vous aimerez bien savoir ce que votre entourage pense de telle et telle situation. Des rencontres amicales et familiales vous réjouiront.

Le Dragon

Dragon de Terre : du 23 janvier 1928 au 9 février 1929

Dragon de Métal : du 8 février 1940 au 26 janvier 1941

Dragon d'Eau : du 27 janvier 1952 au 13 février 1953

Dragon de Bois : du 13 février 1964 au 1er février 1965

Dragon de Feu : du 31 janvier 1976 au 17 février 1977

Dragon de Terre : du 17 février 1988 au 5 février 1989

Dragon de Métal : du 5 février 2000 au 23 janvier 2001

Dragon d'Eau : du 23 janvier 2012 au 9 février 2013

Vous êtes... chanceux et déterminé.

Vous tirez promptement parti des occasions.

Fier, plein d'aplomb et doué d'une intelligence vive, vous réussissez tout ce que vous entreprenez.

D'un naturel extraverti, vous attirez l'attention.

La personnalité du Dragon

Le Dragon ne passe jamais inaperçu ; il a de l'allure, du charme, du magnétisme. Il sait tirer parti des occasions. Réceptif aux gens, aux courants de pensée, aux nouvelles idées, il est souvent un précurseur. Il étonne, il prévoit et il sait tenir compte du passé pour bâtir le futur. C'est un être qui est toujours en évolution. Il est à l'aise dans les situations spectaculaires et il aime attirer l'attention.

Le Dragon est un grand actif, mais il agit souvent par incapacité de s'arrêter. Sous des dehors confiants, il masque une certaine insécurité. Il peut se lancer dans une bataille et se décourager au beau milieu ; en fait, c'est un être tout feu tout flamme. Ni introverti, ni porté à beaucoup réfléchir, ni prévoyant, c'est un être d'élan. Il a également tendance à rechercher l'approbation et, surtout, l'admiration des autres. Il réussit pourtant presque tout ce qu'il entreprend. Là où tout le monde a échoué, lui saura surmonter un obstacle. Est-ce la chance ou sa nature enflammée ? Nul ne le sait. On dit aussi qu'il est chanceux, de même qu'il porte chance aux gens qui l'entourent.

Le Dragon aime le travail et raffole de la compétition. Il parvient souvent au sommet de sa profession. Il aime bien aller à contre-courant des opinions répandues. En raison de son indomptable optimisme, il lui arrive pourtant de ne pas évaluer correctement les situations dans lesquelles il se trouve. Il est l'utopiste du zodiaque chinois. Il veut tout faire lui-même et ne délègue pas facilement. S'il a une cause à défendre, il le fait de main de maître.

Si son travail l'amène à voyager, il s'en trouvera plus heureux. Il a également des dons de chef. Mais s'il accepte de trop grandes responsabilités, il peut se sentir dépassé. C'est un idéaliste aux nobles aspirations. S'il lui arrive de se plaindre de son fardeau, ne soyez pas dupe : il adore travailler et relever des défis. Sa bienveillance fait en sorte qu'il se soucie grandement des autres. Il est extraverti et n'a rien contre la démesure. Il a toujours la tête pleine de projets... pas forcément réalisables ! Et vous pouvez être assuré qu'il ne restera pas dans l'ombre. L'argent n'est pas son intérêt principal, car il n'est pas matérialiste. Ses ressources lui permettent simplement de réaliser ses ambitions. Il est honnête à en devenir scrupuleux. En raison de son côté humanitaire, il excelle dans les collectes de fonds. C'est aussi un excellent défenseur.

Dans ses affections, il a tendance à pousser son entourage à faire ce que lui-même voudrait faire. Il lui arrive aussi d'être trop exigeant et de ne pas écouter suffisamment les conseils de ses proches. En fait, il ne voit pas toujours la réalité en face. Il aime beaucoup être admiré et approuvé par les gens qui l'entourent. La solitude n'est pas son fort, il s'y sent mal à l'aise, car il a besoin de briller pour être pleinement lui-même. On l'aime ou on le déteste, il est très difficile d'être tiède à l'égard d'un Dragon. Que l'on soit son ami, son amour ou un proche, il faut savoir l'intéresser. Sa famille compte plus que tout.

En amour, l'ordinaire ne l'attire pas. Il est stimulé par ce qui est exotique et étrange. Par-dessus tout, il aime l'intensité et peut vivre de grandes passions. Pourtant, même s'il lui arrive d'aimer à la folie, il a besoin d'estimer l'être aimé. Il adore qu'on le flatte et qu'on lui fasse des compliments. Il n'est fidèle qu'à ceux qu'il admire. Cela dit, une fois que vous le séduisez et l'intéressez, il sera très loyal. C'est un allié précieux, surtout dans les temps difficiles, car il adore aider et même faire des miracles ! Tomber amoureux d'un Dragon est, dit-on, un mal des plus communs : tous les jours, on tombe pour eux ! Madame Dragon a l'air sage. C'est une femme sophistiquée, chaleureuse et prudente. Elle est une grande sentimentale, pas plus fidèle qu'il ne le faut ! Monsieur Dragon aime la résistance, donnez-lui donc du fil à retordre sans prendre de trop grands risques. Sachez aussi qu'il est facile de faire perdre la tête à un Dragon, mais difficile de le captiver longtemps.

Ses rôles

- L'enfant demande de l'attention, qu'on lui fasse confiance et qu'on lui confie des tâches importantes.
- Le parent est un chef naturel. Il défend sa famille et a l'esprit de clan.
- L'amoureux est passionné et généreux.
- L'enseignant est un modèle inspirant. Il est également bienveillant.
- En affaires, le Dragon doit s'associer à des gens sérieux et qui savent l'orienter. Il doit aussi briller, ce qui ne facilite pas toujours les choses.
- Le patron est un dirigeant-né qui peut parfois exercer son autorité avec force.
- L'ami ou le collègue est loyal, mais il doit s'associer à des gens qui peuvent s'affirmer.
- L'ennemi attaque et oublie parfois de voir s'il pourra se défendre.

Ce qu'il représente

Selon les Chinois, le Dragon aurait créé le monde. Il est bénéfique et il protège les hommes contre les démons destructeurs. Les Chinois considèrent qu'un Dragon qui vous aime est une protection suprême. Il est le symbole d'un pouvoir harmonieux. Il viendrait au monde avec la richesse, la vertu, l'harmonie et la longévité.

Les éléments

Le Dragon de Métal est intègre, sévère et impartial. L'élément Métal peut révéler chez le Dragon un fort penchant à l'excès. Le natif a un caractère entier et un charme intense. Il ne revient pas en arrière. C'est un véritable fonceur.

Le Dragon d'Eau est perspicace et lucide. L'élément Eau, en relation avec la sensibilité et les émotions, lui confère une grande souplesse. Ce natif sait attendre; c'est un excellent négociateur et un propagandiste hors pair.

Le Dragon de Bois est curieux, imaginatif et sûr de lui. L'élément Bois favorise chez lui l'expansion et l'épanouissement, le bonheur et la générosité. Le natif se caractérise par sa créativité et son sens de la coopération.

Le Dragon de Feu est impatient, droit et ambitieux. L'élément Feu le pousse à s'extérioriser. Il lui confère chaleur, générosité et joie de vivre. Voilà un natif qui secoue les consciences !

Le Dragon de Terre est logique, rationnel et dominant. L'élément Terre renforce son sens de la réalité et son esprit pratique. Le natif parvient toujours au succès.

Harmonies et conflits

++ Le Dragon est un signe d'action au même titre que le Rat et le Singe, avec lesquels il s'entend très bien d'ailleurs. Tous trois visent le progrès, le succès et la performance. Ils innovent. Ce sont des impatients. Ils doivent agir pour être heureux et se comprennent à demi-mot. Le Dragon et le Singe ont un lien à l'épreuve de tout. Le Dragon et le Rat collaborent efficacement et durablement.

\+ Le Dragon s'entend également très bien avec le Serpent. Cette paire connaîtrait la célébrité, ce qui les rendrait heureux. Avec le Coq, la relation est profonde même si elle est parfois excentrique.

– Le Dragon peut souffrir de la méfiance naturelle du Chien, qui ne se laissera pas charmer comme tous les autres.

Prévisions pour le Dragon

Vivre est si sensationnel qu'il reste peu de temps pour faire autre chose.

Emily Dickinson

Du 3 février 2011 au 22 janvier 2012

Cette année, vous terminerez un long cycle de douze ans et vous en amorcerez lentement un nouveau. Au cours des prochains mois, vous pourriez faire certains changements assez importants dans votre quotidien. Dans tous les aspects de notre vie, nous vivons des cycles dont nous ne sommes pas toujours conscients. Mais il arrive un moment, généralement vers la fin d'une étape et au début d'une autre, où l'on réalise ce qui se passe autour de nous et où l'on voit où on se trouve. C'est un peu votre situation en 2011 : vous réaliserez que vous terminez un cycle. C'est donc un moment de réflexion, de ralentissement, de travail dans l'ombre, un temps de bilan. C'est également un temps de gestation pour le futur. Vous songerez davantage à votre avenir, vous mettrez en œuvre de nouvelles idées, vous serez un peu plus solitaire et vous rêverez beaucoup plus; en fin de compte, vous serez un peu dans votre bulle et cela vous sera utile.

Comme vous êtes tout de même d'un naturel sociable, vous aurez l'occasion de discuter avec les gens qui vous entourent de toutes sortes de sujets liés aux grandes questions de la vie. Vous parlerez peu de la pluie et du beau temps dans les prochains mois, vous ne serez pas intéressé par les vétilles et les généralités; vous préférez ce qui a un sens, ce qui a de la profondeur. De même que vous aimerez réfléchir par vous-même et avec les autres, vous apprécierez le fait d'entendre ce que les gens ont à dire, quitte à ce que cela influence votre réflexion et vous remette en question. Vos rapports seront vrais ou ne seront pas, car vous aurez peu de patience pour ce qui ne vaut pas la peine.

Il pourrait aussi y avoir quelques secrets ou du travail dans l'ombre pendant votre année. Imaginez une grossesse, la vie avant la vie, c'est un peu l'étape par laquelle vous passerez au cours des prochains mois: tout se dessine, mais encore discrètement. Il s'agit de prendre soin de ce qui n'est pas encore sous le soleil.

Réfléchissez avant de prendre toute décision, avant de faire un choix, ne bousculez rien. Reposez-vous aussi. Il sera important que vous preniez la mesure de votre situation de manière aussi juste que possible.

Vos amours

C'est une douce année en vue pour les natifs de votre signe, à la condition que vous preniez le temps de dressesr un bilan pour voir où vous en êtes affectivement et que vous procédiez à des changements si cela peut vous faire du bien. Il sera bon de vous centrer sur vous-même pour voir où vous en êtes. Vous aurez le cœur songeur, pas au sens de rêveur, mais au sens où vous réfléchirez beaucoup à votre avenir ou même à votre passé durant les prochains mois. L'être aimé ou les gens qui vous aiment pourraient parfois se sentir un peu exclus de votre univers, mais s'ils vous connaissent depuis longtemps, ils comprendront que cette halte vous est nécessaire. Par ailleurs, vous serez très tendre durant les prochains mois et vous aurez une délicatesse du cœur réconfortante.

Le baiser est la plus sûre façon
de se taire en disant tout.

Guy de Maupassant

Si vous êtes en couple, vous mènerez une vie tranquille et plaisante avec votre partenaire. Intérieurement, vous serez guidé par une forte énergie créative et vous pourrez donner un nouvel allant à votre relation intime. Votre année étant sous le signe de la réflexion, de la sérénité, du calme, vous serez à l'aise à deux, parfois même seul. Privilégiez les activités en couple, dans la nature, vous y prendrez vraiment plaisir. Les conversations seront aussi enrichissantes. Si votre partenaire traverse une étape très sociable et enjouée, il pourrait avoir un peu de difficulté à comprendre l'état d'esprit dans lequel vous serez. Avec un peu de patience de la part de chacun, vous trouverez un terrain d'entente. Pensez à cultiver votre intimité, vous avez une imagination vive, servez-vous-en.

Si vous êtes célibataire, une rencontre n'est pas impossible, mais vous n'aurez pas trop tendance à aller vers les autres, alors il faudra certainement qu'on vous fasse de la façon et même une cour assidue. Par ailleurs, vous pourriez vous découvrir des affinités avec une personne que vous connaissez depuis longtemps. Il n'est pas impossible non plus que vous viviez une relation discrète, voire secrète. Vous ne serez pas tenté de parler de votre intimité avec les autres, et même si vous aimez une personne libre, vous voudrez peut-être vivre cela dans une solitude à deux. Vous serez attiré par une personne sensible et discrète ; les gens qui ont trop de bagout et qui manquent de réserve vous énerveraient.

Cœur attention !

Vous aurez peut-être besoin de solitude durant les mois qui viennent : tâchez tout de même de vivre en bon équilibre avec l'être aimé.

Cœur atout !

Plus de douceur, plus de souplesse et de réceptivité, très peu d'attentes ; ce sont des ingrédients que vous aurez et que vous saurez utiliser au mieux.

Vos activités

Vous pourriez terminer un projet dans un domaine en même temps que vous vous initierez à un nouveau secteur. Vous serez prêt à donner le meilleur de vous-même, mais il faudra prendre votre temps et ralentir la cadence en tout pour bien intégrer de nouvelles activités. Agissez avec concentration et sérieux, vous ne le regretterez pas. Vous êtes d'un naturel très travaillant (je suis persuadée que la moitié des bourreaux de travail sont de votre signe) et vous éprouvez souvent le besoin de vous consacrer à vos activités. Par ailleurs, cette année, il vous serait très utile d'aller un peu plus lentement afin de bien comprendre tous les enjeux de votre situation. Le temps qu'on a parfois l'impression de perdre à réfléchir est en réalité très utile, car il permet de distinguer ce qui vaut la peine de ce qui n'en vaut pas et de s'organiser adéquatement. C'est une année de réflexion, de préparatifs et de gestation.

Vous n'en tirerez peut-être pas de grands bénéfices immédiats, car par rapport à ce que vous donnerez vous récolterez relativement peu. Les mois passant, vous verrez l'équilibre se rétablir.

Quelle que soit votre étape de vie, que vous soyez à la retraite ou dans une période intense de travail, vous serez très imaginatif, et cette imagination pourra vous servir au quotidien. Proposez des idées nouvelles, allez de l'avant dans un projet qui vous passionne. Dans un premier temps, on pourrait vous observer avec un certain scepticisme, mais dès l'automne, vos idées seront entendues et respectées.

En tout, visez l'équilibre entre les efforts fournis et les moments de repos et de détente. Délassez-vous plus souvent que vous en avez l'habitude, vous aurez ainsi plus d'énergie par la suite. Malgré les hauts et les bas bien naturels de la vie, vous continuerez de bénéficier de la chance : elle est à vos trousses depuis toujours, ce n'est pas cette année qu'elle va vous lâcher !

Les patrons, les collègues et les associations

Patron ? Vous n'aurez aucun goût d'être autoritaire, mais on vous suivra et on vous écoutera naturellement. Vous saurez inspirer les gens qui vous côtoient. Par ailleurs, vous aurez tendance à vous isoler et à être un peu trop solitaire. Avec vos patrons, vous aurez quelques réserves et les tensions ne seront pas absentes. Cultivez le calme intérieur par la méditation si nécessaire. Ou simplement, prenez le temps de respirer profondément.

Bons rapports avec les collègues à condition qu'ils vous laissent tranquilles : je blague à peine. Vous aurez peu de patience. Essayez de collaborer le mieux possible, mais ne vous imposez pas d'écouter tous les gens qui ont besoin de s'épancher.

Du côté des associations, les anciennes tiendront très bien le coup, mais les nouvelles seraient plus difficiles, à moins que vous n'ayez un rôle très défini. En fait, dans une équipe, le rôle qui vous conviendrait vraiment cette année serait celui de conseiller du roi ! Je veux dire par là que vous serez très bien dans l'ombre tout en ayant la possibilité d'exercer une influence.

Vous serez capable de donner des avis judicieux à ceux que vous servez et de donner un coup de main quand cela se révélera nécessaire. Si vous enseignez, vous excellerez, vous serez capable de transmettre vos connaissances de façon que cela soit vraiment utile à vos élèves.

Une ou deux clés dans vos activités

Parlez peu de vos projets. Vous serez hérissé par ce qui est ostentatoire, trop brillant, trop bruyant ; vous apprécierez la réserve et la discrétion.

L'argent et les biens

Aucun grand changement du côté des gains ne s'annonce pour les mois à venir, sauf peut-être que certains d'entre vous modifieront leurs activités en devenant moins actifs, ce qui pourrait faire diminuer un peu leurs revenus. Mais comme les dépenses diminueront également, il n'y aura pas de quoi s'inquiéter. Quoi qu'il en soit, l'argent ne sera pas votre grande préoccupation de l'année. Vous aurez l'impression d'en avoir assez, car vous ne serez pas tenté de faire de grosses dépenses. Vos besoins seront loin d'être excessifs et si vous faites une dépense importante, ce sera pour un bien qui en vaut vraiment le coup.

Si, du côté de vos activités et du travail, on vous offre de nouvelles responsabilités, considérez-en les aspects financiers avec attention avant d'accepter, car vous ne serez pas tellement tenté de négocier ; vous pourriez ainsi perdre une occasion de vous enrichir un peu. Vous êtes généralement guidé par un bon instinct en matière d'argent, vous pourrez cette année continuer d'avoir confiance en votre intuition. Par ailleurs, pensez aux moins bien nantis que vous, n'ignorez pas les besoins des proches qui ont eu moins de chance que vous. Vous pourriez, comme dit l'adage, enseigner à quelqu'un à pêcher plutôt que de lui offrir un poisson.

Une ou deux astuces pour augmenter votre pécule

- Même si vous êtes généreux, ne donnez pas tout.
- Peu dépenser, c'est une façon sûre d'agir.

La forme, la santé, les loisirs

Si vous occupez un emploi exigeant du point de vue physique ou intellectuel, votre casse-tête loisirs sera résolu : vous mettrez toute votre énergie au boulot... Ça, c'est plutôt votre façon de penser des dernières années ; cette année, tout change, vous ralentissez, car vous prendrez conscience qu'il est nécessaire parfois de marcher un peu plus lentement et de prendre le temps de se détendre. C'est d'ailleurs dans l'air du temps : l'année qui s'annonce est sous le signe de la concentration plutôt que de l'éparpillement, du calme plutôt que de l'énervement.

Personnellement, vous entrerez littéralement dans de longues périodes contemplatives. Vous serez capable de ne rien faire, ce qui est pratiquement un miracle pour un Dragon.

Si vous éprouvez le besoin d'explorer quelque chose de neuf, essayez un art martial, la natation, la méditation ou la danse. Vous apprécierez les transes.

Côté santé, même si vous avez beaucoup d'énergie naturellement, vous devrez ralentir pour vous sentir bien dans votre peau.

Il n'est pas question de vous priver d'activités, de travail ou de loisirs, mais il faudra simplement le faire en entrecoupant le tout de périodes de repos et de solitude qui vous permettront de vous ressourcer. Il est possible que vous ayez la sensation d'être en perte d'énergie durant les prochains mois; si c'est le cas, ajustez simplement votre diète à vos dépenses d'énergie actuelles et dormez un peu plus. Ce ne sera pas sorcier.

Vous souhaitez voyager cette année? Visitez un pays ou un coin de pays que vous ne connaissez pas encore; votre curiosité sera satisfaite.

L'amitié

Peu d'amis mais de bons, voilà qui pourrait être votre mot d'ordre des prochains mois. En fait, je ne crois pas que vous aurez peu d'amis, vous êtes trop aimé pour cela. Peut-être que vous les verrez simplement un peu moins souvent. Un ou deux proches auront toute votre attention. Vous apprécierez les relations en face à face plutôt que les fêtes et les rencontres. On vous fera des confidences, vous en ferez aussi. Vous pourriez revoir de très vieux amis... si vous êtes vieux. Vos amis d'enfance auront votre prédilection.

La famille

En famille, ce sera une bonne situation pour vous cette année. Il n'y a pas de conflits majeurs à l'horizon et il est possible que certaines situations problématiques trouvent leurs solutions. Peu de changements en réalité par rapport à l'an dernier, si ce n'est que si vous êtes parent, il faudra être attentif à entendre vraiment vos enfants. Les rapports seront bons, à condition que vous ne vous enfermiez pas dans votre bulle. Si vous êtes encore jeune, vous vous confierez à peu de monde cette année, un membre de votre famille pourrait être un merveilleux confident.

Ce qu'on aimera de vous cette année

On aimera votre rythme, votre écoute, votre sagesse et votre discrétion. On appréciera aussi grandement votre sens pratique qui restera, comme toujours, très fort. Vous serez le meilleur des confidents et en tout vous jouerez le rôle de conseiller.

Votre défi

Ne vous posez pas trop de questions sur la vie, laissez-vous guider par le hasard, cela vous fera du bien.

L'année selon votre élément

Si vous êtes né Dragon de Métal

Ce sera une bonne année du point de vue financier en ce qui vous concerne. Il y aura des fruits mûrs et vous n'en serez pas mécontent. Par ailleurs, vous pourriez avoir tendance à vous poser des questions inutiles: parfois, il ne s'agit que de laisser le temps passer, sans bouger ou presque. En même temps, vous êtes bon élève, vous apprenez et vous comprenez de plus en plus clairement que souvent il n'y a pas de décision à prendre, il n'y a qu'à suivre le courant. Bons moments dans l'intimité. Avec des proches, vous serez toute douceur et affection, ils aimeront. La solitude que vous vivrez sera celle qui vous permet de vous ressourcer.

Si vous êtes né Dragon de Feu

C'est une année de progrès pour les natifs de votre signe, de bilan et de croissance. Vous vous poserez des questions et les réponses viendront. Chanceux, va. Prenez des décisions après avoir mûrement réfléchi. Vous serez dans le feu de l'action, mais ne vous privez pas pour autant de moments de solitude et de retrait qui vous permettront de voir ce qui vous convient vraiment sur une longue période. C'est une bonne année pour faire des plans à long terme. Vous verrez mieux ce qui pourra durer dans votre vie et dans quel secteur vous souhaitez vraiment vous spécialiser. Votre intimité sera chaleureuse.

Si vous êtes né Dragon d'Eau

Vous pourriez modifier quelque peu vos activités cette année ou commencer à penser à le faire. C'est une période de bilan, mais celui-ci ne se fera pas dans la quiétude de votre foyer, il se fera alors que vous serez pris au beau milieu d'une multitude d'activités. Vous n'êtes pas paresseux, c'est le moins qu'on puisse dire. Il y aura un Dragon à la surface, un autre dessous et les deux seront très occupés: bon moment pour réfléchir au passé et pour commencer à tracer quelques lignes sur ce que pourrait être le futur. De nouvelles responsabilités vous seront proposées.

Si vous êtes né Dragon de Terre

Vous trouverez peut-être l'ambiance houleuse ou trop active... comment dire : vous serez stable durant les mois qui viennent, vous serez bien ancré dans la réalité, vous ne vous illusionnerez sur rien, mais votre entourage ou les événements pourraient vous bousculer un peu trop à votre goût. Ce sera une bonne période pour vivre simplement, sans vous poser de grandes questions. Laissez la vie agir, elle vous mènera là où il le faut. Ne donnez pas trop de pouvoir aux autres, car ils pourraient devenir exigeants. Cela dit, on peut aimer les gens tels qu'ils sont, vous le constaterez une fois de plus : leurs défauts vous feront plutôt sourire. Une bonne année pour démarrer un projet durable. Vous ne ferez rien d'inutile. Semez, vous verrez que les récoltes seront abondantes.

Si vous êtes né Dragon de Bois

Quel beau signe vous avez : imaginatif, curieux, coopératif... et quoi d'autre ? Vous avez une personnalité que l'on aime, c'est tant mieux. Cela ne vous empêchera pas de vous poser toutes sortes de questions cette année, il s'agira simplement de vous les poser une à une et de ne pas presser les réponses. Cultivez la patience et vous verrez que cela vous sera profitable. Vous pourriez enfin vous décider à mener un projet qui vous trotte dans la tête depuis longtemps. Vous avez de multiples connaissances, il est peut-être temps de faire vos preuves. Votre intimité sera protégée. Soyez actif.

Au fil des mois

Janvier

Planifiez vos objectifs ce mois-ci, et les mois prochains vous pourrez faire les pas qui vous permettront de les réaliser. Vous serez en bonne forme physique et si vous vous sentez un peu moins énergique en cette période, un peu de marche à l'extérieur, un peu de repos et une bonne façon de manger vous ressourceront. Vous voudrez vous sentir utile tout au long de l'année et une activité bénévole pourrait combler cette part de votre personnalité. Côté cœur, vous pourriez être un peu difficile de caractère en cette saison, tâchez de ne pas déverser votre fiel sur vos proches. Vous serez vif intellectuellement et il vous semblera nécessaire d'en apprendre davantage sur un ou des sujets que vous connaissez peu. Nourrissez votre curiosité.

Février

D'ici quelques semaines, vous changerez d'état d'esprit et vous deviendrez plus actif et affirmé. Si vous êtes tenté de voyager cette année, le mois sera propice à des préparatifs. Si vous partez en vacances, vous vous ressourcerez. Si vous êtes aux études ou en période d'apprentissage, vous apprendrez très vite dans les prochaines semaines. Côté travail, seul ce qui vous permet de vous exprimer vous intéressera et vous aurez de la difficulté avec un travail de routine. Si vous vous sentez blasé, sachez que cela pourrait être dû à la saison. Vous êtes maître de la situation, agissez positivement. Avec la famille et les amis, vous vous sentirez parfois un peu lointain. Quelques moments de solitude ne vous déplairont pas.

Mars

Vous vous libérerez de certaines tensions. Bien sûr, vous aurez peut-être le sentiment d'avoir un peu moins d'énergie, mais cela sera compensé par un surplus de calme. Dans vos activités, il est temps de faire vos preuves et d'être un peu moins humble. On reconnaîtra votre talent en cette période et plus encore votre efficacité. Le succès dans un projet deviendra possible. Par ailleurs, vous aurez le cœur amical et grégaire. Vous aimerez voir du monde et vous pourriez sortir un peu plus. Votre indépendance prédominera durant les prochaines semaines. Pour votre santé, bougez beaucoup et ne vous laissez pas aller en ce qui concerne votre alimentation. Vous aimerez beaucoup vous promener dans les prochaines semaines.

Avril

En matière d'argent, vous vous révélerez plus joueur, investisseur ou dépensier que vous ne l'êtes naturellement. Vous serez, dans tous les cas, intéressé par ce qui concerne votre situation financière. Vous profiterez pleinement de la vie et vous accorderez une grande importance à ce qui touche vos loisirs. Si vous êtes parent, jouez avec vos enfants, faites des activités avec eux, ce sera là l'occasion de rapprochements. Côté cœur, vous serez peut-être étonné par les remarques des gens que vous aimez. Vous pourriez établir une communication stable avec une personne que vous côtoyez quotidiennement. Une énergie forte et agréable se dégagera de vos liens intimes.

Mai

Dans vos activités, vous serez d'humeur changeante et difficile à suivre. D'une part, vous irez droit au but, sans vous questionner sur les détails, d'autre part, vous aurez tendance à vous en faire pour des bagatelles et à réagir sans raison. Les moyens d'échapper à cela ? Faites du sport, marchez au grand air, prenez le temps de vous détendre. Vous pourriez ressentir une baisse d'humeur et être submergé par un sentiment de tristesse ; accueillez une fois de temps en temps ces émotions bien naturelles. Ne prenez pas cela trop au sérieux car ce sera passager. Dans vos activités, vous pourriez établir un contact avec des gens avec lesquels vous avez des affinités. Très consciencieux, vous ferez évoluer votre vie quotidienne dans le sens désiré. En amitié, vous aurez du plaisir. En amour, vous aimerez sentir qu'on vous aime, mais vous ne réclamerez rien.

Juin

Ce sera un excellent mois pour jouer, pour passer du temps avec vos enfants ou des membres de votre famille, pour rire ou pour toute activité de loisir. Tout va en ce sens. Vous aurez le goût de l'action et vous vous enthousiasmerez. Vos sentiments s'exprimeront simplement. Dans vos activités, vous saurez tenir compte de ce qui doit être fait ; vous le ferez au bon moment et de la bonne façon. Les échanges avec les collègues pourraient malgré tout rester un peu tendus, mais ne vous en faites pas si tout le monde n'est pas en forme autour de vous. En matière d'argent, rien ne s'opposera à la réalisation de vos projets. Intérieurement, vous serez rêveur et imaginatif.

Juillet

Ce sera un bon mois pour vivre du bon temps en compagnie des membres de votre famille. Si vous prenez vos vacances durant cette période, vous vous détendrez tout à fait. Si vous êtes plutôt occupé par vos activités, vous serez tout de même plus intéressé par votre vie intime et familiale que par le reste. Vous pourriez également régler des problèmes qui durent depuis trop longtemps. Lucide et actif, vous ne vous laisserez pas bercer par des illusions. Utilisez votre imagination et vous trouverez les meilleures solutions à un ennui. Vos amours se porteront bien quelle que soit votre situation. Vous serez tendre, ce qui fera du bien à vos proches.

Août

Vous plairez beaucoup en ce début de mois, vous vous trouverez bien dans votre peau et pourriez vivre des émotions vives. Vous serez en fait plus exubérant, enthousiaste et curieux qu'en temps ordinaire. Prenez soin de l'être aimé, et accueillez favorablement toute proposition d'intimité, car vous y trouverez une source de joie. Dans vos activités, vous aurez le sens de l'à-propos et vous serez habile en matière de planification. Réorganisez votre espace de travail ou certaines étapes de votre routine, car vous serez capable de voir ce qui tient la route et ce qui n'a plus sa raison d'être. Consacrez du temps à votre vie familiale et à vos intimes, cela vous sera essentiel.

Septembre

Il serait bon de vous dépayser et de ne pas vous contenter du train-train quotidien. Votre sens des responsabilités est très fort en ce moment, ce qui est bien, mais il faut tout de même une fois de temps en temps lâcher prise. Essayez de vous détendre en pratiquant des loisirs et en rendant visite à des amis. Vous aurez une bonne communication intime. Du côté de la famille et de la maison, vous trouverez que les dépenses sont passablement élevées. Faites un budget réaliste, resserrez les dépenses ou trouvez une manière d'augmenter vos revenus. Vous serez en grande forme si vous êtes en période d'apprentissage. Côté cœur, vous serez romantique et rêveur. Dans vos activités, vous pourriez recevoir des bénéfices inattendus pour un travail que vous faites depuis longtemps.

Octobre

Dans vos activités comme dans votre vie personnelle, creusez-vous la tête pour trouver les solutions les plus imaginatives et vous saurez prendre le meilleur chemin. Côté cœur, vous serez également en forme et votre vie sentimentale sera tout à fait protégée. Si vous êtes célibataire, vous serez très bien dans cette situation et ne chercherez pas vraiment à en changer ; à long terme, vous pourriez vous raviser, mais pour le moment, vous vous plairez en votre propre compagnie. Vous aurez des intérêts nouveaux dans vos activités et vous apprendrez beaucoup en peu de temps. À la maison, vous pourrez faire quelques changements qui amélioreront votre confort.

Novembre

Vous aimerez rendre visite à vos amis ou à la famille et sortir davantage. Vous travaillerez avec une grande efficacité. Quelles que soient vos activités, vous aurez du plaisir à être en groupe et à passer du temps à discuter de tout et de rien. Si quelque chose dans votre vie pose problème, vous vous orienterez vers un type de solution durable. Côté cœur, vous aurez une approche compréhensive, mais vous aimerez que la personne aimée vous écoute également. Dans la seconde partie du mois, vous aurez des besoins soudains de tranquillité; réservez-vous quelques moments de solitude. Prenez le temps de faire le point sur certaines questions. En matière d'argent, tout devrait se passer selon vos désirs.

Décembre

Vous vous rendrez compte que vous êtes aimé. Vous aurez aussi l'esprit pratique et serez capable de voir à tout en un temps record. Si vous partez en vacances, vous planifierez tout dans les moindres détails. Côté famille, vous serez en contact étroit avec vos frères ou vos sœurs. Avec vos enfants, si vous en avez, profitez de la saison pour faire des activités ensemble. Vous bénéficierez pleinement de courts moments de détente. À la fin de l'année, vous changerez d'état d'esprit, passant d'un cycle à l'autre, et vous vous sentirez plus maître de votre destinée, d'humeur moins réservée et secrète. Des changements se dessinent.

Le Serpent

Serpent de Terre : du 10 février 1929 au 29 janvier 1930

Serpent de Métal : du 27 janvier 1941 au 14 février 1942

Serpent d'Eau : du 14 février 1953 au 2 février 1954

Serpent de Bois : du 2 février 1965 au 20 janvier 1966

Serpent de Feu : du 18 février 1977 au 6 février 1978

Serpent de Terre : du 6 février 1989 au 26 janvier 1990

Serpent de Métal : du 24 janvier 2001 au 11 février 2002

Serpent d'Eau : du 10 février 2013 au 30 janvier 2014

Vous êtes... sage, curieux et doté d'une intelligence remarquable.

Vos entreprises sont promises à la réussite.

Bien que vous appréciiez le calme, vous savez dire oui au changement.

Votre réserve peut vous faire passer pour un solitaire.

La personnalité du Serpent

Le Serpent s'insinue, contourne, ne choisit jamais la manière directe. Il fait, dit-on, le moins d'efforts possible pour tirer un maximum de confort. Il ne sent pas le besoin d'agir constamment. C'est un être mystérieux et insondable ; vous vous demanderez toujours à qui vous avez réellement affaire. Il a le sens de l'intrigue et son sang-froid le sert. Il en sait généralement plus sur les gens qu'eux-mêmes n'en sauront jamais sur lui. Il ne se presse pas, c'est un être calme. Il n'aime pas non plus s'expliquer. Ni naïf ni spontané, il a un côté hédoniste marqué : il aime se faire plaisir et se donner du bon temps. Il aime aussi le confort. Il peut souffrir de solitude, car il est très tenté par l'introspection. Il doit apprendre à se confier et à penser un peu moins. En société, il est drôle et charmant, mais ce n'est pas un être facile à comprendre. Il s'ennuie facilement et il est heureux s'il y a de l'animation autour de lui.

Le Serpent est à la fois patient et animé par une ambition profonde : il avance inexorablement vers le but qu'il se fixe. Il est le plus stratégique des signes du zodiaque chinois. Il est très difficile à suivre, car on ne sait jamais où il va. On dit qu'il connaît généralement une vieillesse heureuse.

Dans la sphère du travail, le Serpent est prêt à tout pour satisfaire ses ambitions. Malgré sa paresse naturelle (ou plutôt son sens de l'économie du geste), il parvient toujours à ses fins. Quand il veut quelque chose, vous pouvez être assuré qu'il l'a tôt ou tard. Il n'aime ni les conseils, ni les questions, ni qu'on se mêle de ses affaires. Il réussit beaucoup grâce à sa patience et à sa présence englobante et sait aussi établir des contacts avec les gens influents. Il arrive toujours à exercer une influence durable sur les autres. Dans toutes les situations, il commence par observer, semble passif, ramasse toutes les informations puis, pouf! Il passe à l'action comme s'il attrapait une souris. Excellent planificateur, il met de l'avant des tactiques efficaces. Il a un fort esprit analytique et il aime fixer lui-même les règles du jeu. Il s'adapte lentement et n'accueille pas la nouveauté avec plaisir. Il a par contre de grands dons de négociateur. Le Serpent a tendance à se préoccuper outre mesure des détails; il sera heureux dans un environnement qui exige de la méticulosité.

Le Serpent a beaucoup de flair pour tout ce qui touche les questions matérielles. Il a du talent pour dénicher les bonnes affaires, il apprécie l'argent et, surtout, ce qu'il lui permet d'obtenir. Il se débrouille globalement bien, mais s'il vit une période difficile, il devient très nerveux et inquiet.

Dans ses affections, sa froideur apparente n'est pas réelle. Il aurait avantage à s'ouvrir aux autres, mais la peur du ridicule peut facilement l'en priver. Celà dit, il donne souvent un coup de main à ses proches, car sa lucidité lui permet de voir ce que peu de gens perçoivent. Il sait d'ailleurs très bien reconnaître le potentiel caché chez les autres. En famille, il défendra les siens avec la plus grande ardeur. Sa contradiction? Il a parfois tendance à s'éloigner de ceux qui veulent se rapprocher de lui et à vouloir se rapprocher de ceux qui s'éloignent.

En amour, le Serpent est très sensuel: il envoûte littéralement la personne aimée. Il est également sensible à l'effet qu'il suscite et a besoin d'être aimé. Élégant, raffiné et astucieux, il séduit. Sa possessivité l'aide toutefois à rester fidèle. Au Japon, le plus beau compliment qu'un homme puisse faire à une femme, c'est: « Vous êtes un véritable Serpent! » Chez les Orientaux, on considère en effet que donner naissance à une fille durant une année du Serpent favorise la chance au sein de la famille. Madame Serpent a la réputation d'être belle, sage et « facile à marier ». Elle sait toujours se mettre en valeur. Monsieur Serpent émet un magnétisme qui peut faire des ravages. Sachez pourtant qu'il n'est pas très fort pour détacher les yeux de lui-même! Il possède malgré tout une extraordinaire clairvoyance.

Ses rôles

- Quel que soit le rôle, le Serpent a deux visages : l'un public, l'autre privé.
- L'enfant impressionne et charme les adultes.
- Le parent est ambitieux pour ses enfants.
- L'amoureux est jaloux, possessif et fidèle. Il aime être dorloté.
- L'enseignant procède par étapes. C'est un guide astucieux.
- En affaires, il a du succès grâce à son sens de la planification ; il ne laisse rien au hasard.
- Le patron décide de tout.
- L'ami ou le collègue est discret et de bon conseil.
- L'ennemi est dangereux : il se bat pour gagner.

Ce qu'il représente

Les Chinois attribuent au Serpent la puissance et le pouvoir sur les éléments. Ils le comparent à un cours d'eau, en raison des mouvements ondulatoires que le serpent fait en se déplaçant. Le Serpent est aussi un symbole à forte connotation sexuelle. Son nom chinois symbolise l'ambition et la sagesse.

Les éléments

Le Serpent de Métal est volontaire et raffiné. Il dirige tout sans en avoir l'air. L'élément Métal révèle chez le Serpent une grande autorité. Ce natif parvient au sommet sans se faire remarquer.

Le Serpent d'Eau est matérialiste, cérébral et sage. L'élément Eau, en relation avec la sensibilité et les émotions, a un effet sur son intuition, qui est très grande. Ce natif peut allier mystère et réalité. Il aime l'art. Il est parfois rancunier.

Le Serpent de Bois est imaginatif, brillant et passionné. L'élément Bois, qui favorise l'expansion et l'épanouissement, fait de lui un être créatif et très curieux.

Le Serpent de Feu est séducteur. Il aime le pouvoir. L'élément Feu lui donne chaleur, générosité et joie de vivre. Toutefois, le natif attache parfois trop d'importance à l'argent.

Le Serpent de Terre est chaleureux, expansif et mystérieux. Il peut résoudre des problèmes complexes. L'élément Terre renforce son sens de la réalité et son esprit pratique. Ce natif est particulièrement lent et réfléchi.

Harmonies et conflits

++ Le Serpent s'entend bien avec le Buffle et le Coq. Tous trois voient les choses sous un même angle et sont portés à s'entraider. Ce sont des planificateurs anxieux. Le Buffle doit accepter les conseils du Serpent. Le Coq et le Serpent s'estiment profondément, ils font une association ou un couple réussi.

\+ Le Serpent et le Dragon peuvent faire une bonne équipe. Ils vont dans le même sens en utilisant des moyens différents : secrets pour le Serpent, visibles pour le Dragon. Avec le Lièvre, le Serpent connaît aussi l'harmonie.

– Le Serpent est dérouté par la confiance naturelle, la bonne volonté et la générosité du Sanglier. Ils s'entendent difficilement, à moins d'avoir des ascendants qui compensent leurs divergences.

Prévisions pour le Serpent

*La confiance en soi
est le premier secret du succès.*

Ralph Waldo Emerson

Du 3 février 2011 au 22 janvier 2012

Votre vie sociale promet d'être active et joyeuse durant les mois à venir. Vous serez invité chez vos amis et dans la famille, vous inviterez des gens chez vous, vous rencontrerez de nouvelles personnes qui vous feront voir le monde autrement, vous approfondirez certains liens, vous vous rapprocherez de gens que vous aviez perdus de vue... Bref, vous ne serez pas casanier cette année, et si vous êtes tenté de l'être, ressaisissez-vous rapidement car la solitude ne vous ferait aucun bien réel. Plus sociable que dans les dernières années, vous serez également ouvert aux confidences. Rien ne vous étonnera et votre plus grand plaisir se situera autour des relations que vous pourrez contribuer à créer.

C'est une année essentiellement amicale, en ce sens que votre réseau vous apparaîtra comme très important. Des gens vous donneront un coup de main et vous comprendrez mieux à quel point nous avons tous besoin non seulement des autres et de leur compagnie, mais également de leurs opinions.

Sur le plan de l'intimité, il vaudra mieux être attentif à ne pas perdre de vue que la personne aimée ou vos proches ont parfois des besoins qui diffèrent des vôtres. Lorsqu'on est sociable, on oublie parfois que les gens qui nous entourent ne ressentent pas nécessairement les mêmes émotions que nous.

En ce qui concerne vos diverses activités, vous serez capable d'un enthousiasme qui stimulera les gens qui vous côtoieront. Que ce soit au travail ou dans vos loisirs, vous serez un élément rassembleur, ce qui sera utile à tous et bien évidemment à vous-même.

Un bémol? Eh oui, il en faut toujours un: votre énergie ira peut-être en dents de scie. Il sera important de vous préserver de trop fortes pressions et tensions, de même que des lieux qui vous rendent mal à l'aise. Un autre bémol? Il est possible que dans l'intimité vous vous trouviez moins à l'aise que lorsque vous serez en groupe. Restez attentif à vos relations les plus vraies, ne perdez pas de vue ceux qui vous aiment et que vous aimez.

Vos amours

Que vous soyez célibataire ou en couple, vous sortirez beaucoup et vous aurez plaisir à voir du monde, à fréquenter des amis communs, à visiter des expositions, à aller au cinéma, peut-être même à faire du sport, à danser ou à voyager... La solitude ne vous apportera pas grand-chose d'intéressant et si vous avez l'habitude d'être un peu seul, vous sentirez que vous changez au cours des prochains mois.

Si vous partagez les mêmes goûts que votre partenaire de vie ou des gens que vous fréquentez, vous filerez le parfait bonheur. Si vous avez peu d'intérêts communs (loisirs, travail, culture), vous aurez tendance à aller chacun de votre côté et à vous délaisser quelque peu.

Un grand amour est capable à la fois de saisir et de lâcher prise.

O. R. Orage

Célibataire, vous serez d'humeur plus amicale qu'amoureuse, ce qui ne vous empêchera pas d'approfondir certains liens. Vous ferez fort probablement plusieurs rencontres et si vous vous engagez avec une personne en particulier, c'est que vous sentirez que vous avez plusieurs points communs en ce qui concerne les activités avec cette personne. Il serait étonnant que vous viviez une grande passion cette année, et si jamais c'est le cas, c'est qu'il s'agira en même temps d'une relation d'amitié tout aussi forte. En fait, toute votre année est fondée sur l'amitié, l'égalité, les rapports copain-copain... et les loisirs communs. Alors, ne vous empêtrez pas dans une relation pleine de tensions et de complications.

En couple, vous aurez le désir de vous amuser beaucoup, vous serez vraiment sociable et en forme, et si l'être aimé n'est pas dans le même état d'esprit que vous, si par exemple il est plutôt casanier ou réservé, cela ne sera pas tous les jours facile. Vous comprendrez au fil des mois à quel point chacun (même si vous vous aimez beaucoup) peut avoir des besoins qui diffèrent, et si vous êtes attentif à respecter ce que la personne que vous aimez ressent, vous vous en sortirez bien. Il est possible que vous ayez moins de talent pour l'intimité que d'habitude et il vaudra mieux vous ressaisir à l'occasion pour ne pas créer de remous.

Que vous soyez en couple ou célibataire, n'hésitez pas à changer quelque peu vos habitudes de vie, à sortir un peu plus, à inviter des gens à la maison ; vous ferez de toute façon la connaissance de gens avec lesquels vous avez beaucoup de points communs. Vous aurez peut-être aussi le goût d'officialiser certains liens.

Si vous ne vous sentez pas très respecté par des gens que vous aimez, vous pourriez remettre une relation en question.

Vous devrez aussi être fier de la personne qui marche à vos côtés durant les prochains mois. Toutes les questions d'apparence auront plus d'importance que dans les derniers mois. Vous y serez vraiment sensible. Essayez tout de même de ne pas devenir dupe des apparences.

Cœur attention !

Parfois, quand on est très sociable, on est moins attentif aux gens de notre intimité et aux détails du quotidien. Méfiez-vous un peu de votre enthousiasme.

Cœur atout !

Vous serez le meilleur des camarades de folies cette année : on ne s'ennuiera pas en votre compagnie.

Vos activités

Très bonne période de votre vie pour relever de nouveaux défis, pour faire vos preuves, pour agir activement, pour oser innover et pour faire preuve de créativité ; tout cela, ne l'oubliez pas, en collaboration avec les autres. Votre réseau ou vos amis pourraient jouer un rôle prépondérant dans la bonne marche de vos activités. Soit ils vous aideront, soit ils vous donneront des contrats, soit ils vous guideront vers une opportunité.

Les obstacles vous stimuleront plutôt que de vous rebuter : vous prendrez tout comme un défi. Vous aurez le goût et l'occasion de mener un projet à bon port. Il est possible également que vous vous trouviez un nouveau centre d'intérêt. Si votre travail ou vos activités vous ennuient, si vous avez l'impression d'être arrivé au bout, prenez le temps de parler avec des proches de votre sentiment, car on pourrait vous donner des conseils intéressants et surtout utiles. Vous serez sociable et ouvert avec les autres durant les prochains mois, ce qui pourrait avoir une influence sur votre parcours professionnel ou sur le cours de vos activités. De même, vous aurez l'esprit grégaire et beaucoup d'intérêt pour les gens de votre entourage. Vous travaillez en équipe ? Vous serez un élément rassembleur de votre groupe. Vos idées seront entendues, on vous fera confiance et vous serez digne de cette confiance.

Côté communication, vous ferez les choses à votre manière et vous réussirez à faire valoir vos idées et points de vue en étant original et unique. Il est possible que vous essuyiez quelques rebuffades pour des idées trop avant-gardistes, mais cela ne fera qu'aiguiser votre goût pour le changement et l'innovation. Vous avez devant vous une année de grande sociabilité.

Les patrons, les collègues et les associations

Si vous êtes en position d'autorité, vous ferez un bon chef : innovateur, respectueux, d'humeur grégaire et généreuse. Si vous devez fréquemment rendre des comptes à vos patrons, vous serez moins à l'aise, car vous sentirez qu'on brime votre liberté.

Les rapports seront chaleureux avec les collègues. Vous pourriez avoir le soutien précieux de certaines personnes.

C'est une bonne année du côté des associations. Écoutez ce que les autres proposent et faites valoir votre point de vue. Tâchez de voir si on vous donne votre juste place ; ce n'est pas une année pour vous transformer en mère Teresa, attendez plutôt l'an prochain.

Une ou deux clés dans vos activités

Tout ce qui se fait en équipe se fera mieux. Si ce n'est pas déjà le cas, démocratisez-vous. Votre sens de la diplomatie se révélera clairement.

L'argent et les biens

Vous serez en bonne position cette année si vous assumez des responsabilités financières dans le cadre de votre emploi ou si vous gérez les biens des autres. Pour ce qui est de vos biens propres, vous serez également excellent, bien qu'un peu pointilleux.

Votre détermination à réussir en matière d'argent sera décuplée durant les prochains mois et vous y mettrez une attention qui vous servira. Quand on s'intéresse de près à quelque chose, ce quelque chose finit par s'intéresser à soi ! Cela dit, il pourrait y avoir quelques obstacles, et il vaudra mieux faire preuve d'un bon sens des prévisions et de l'économie. Il ne s'agit pas de devenir inquiet ou de vous en faire avec ces questions, mais simplement d'y porter votre attention et de voir si certaines dépenses valent vraiment la peine. La publicité – parfois même l'entourage – nous encourage souvent à faire des dépenses inconsidérées et inutiles; vous serez en mesure de prendre une certaine distance par rapport à cela et à gérer vos avoirs de façon plus sage. Assez lucide, vous comprendrez que l'on récolte généralement ce que l'on sème.

Malgré tout, vous aurez du plaisir à partager de bons moments avec les proches et vous serez généreux avec les gens de votre intimité et avec votre cercle d'amis. Vous recevrez plus souvent au cours de la prochaine année (ce qui coûte tout de même des sous), et si vous avez de grands enfants, vous les gâterez. Si des proches ont besoin d'un certain soutien, vous serez présent. Comme c'est une année essentiellement fondée sur la pleine réalisation de l'importance des autres dans votre vie, vous agirez en conséquence.

Une ou deux astuces pour augmenter votre pécule

N'hésitez plus à faire un investissement rentable à moyen ou à long terme.

La forme, la santé, les loisirs

Tenté par les activités qui se font en équipe, vous serez un élément rassembleur parmi vos pairs. Un sport ou un loisir s'exerçant en groupe vous intéressera et vous pourriez franchement opter pour de nouvelles activités. Vous vous enthousiasmerez facilement pour la nouveauté et vous aurez beaucoup plus d'énergie physique que dans les dernières années.

Vous aurez besoin de faire vos preuves dans certains domaines d'activité, de vous mesurer aux autres, d'évaluer vos forces et vos faiblesses. En ce sens, vous aurez un peu l'esprit de compétition et il vaudra mieux être attentif à ne pas toujours vous mesurer aux autres, car cela pourrait créer quelques conflits. Nous éprouvons tous le besoin que nos forces et nos talents soient reconnus par notre entourage, mais il ne faut pas quémander l'approbation, car cela ne donne jamais de résultats heureux. Encouragez-vous vous-même, félicitez-vous vous-même... pour vos bons coups, pour vos réussites.

Si vous pratiquez un sport, n'hésitez pas à suivre un cours pour vous améliorer, ou encore à participer à une compétition, car vous aimerez bien le fait de vous améliorer, d'évoluer, d'avancer. Même si le plus important reste de participer, cela ne vous privera pas du goût de la réussite.

Vous serez aussi vif intellectuellement et vous aurez des idées nouvelles sur tous les sujets et plein d'activités à explorer. Vous pourriez plonger dans un nouvel apprentissage, en particulier artistique. À moins que vous ne préfériez commencer l'apprentissage d'une langue. Il y aura deux idées à retenir pour vous cette année: communication avec les autres, participation à un groupe. En gardant cela en tête, vous ferez les bons choix d'activités. Cette année, il y a une chose que vous devriez faire: organiser une ou des fêtes, des rencontres amicales ou familiales. Vous allierez sens de la camaraderie et sens de l'organisation: quoi de mieux pour recevoir?

L'amitié

Voici une année absolument propice aux liens amicaux. Vous privilégierez l'amitié et vous y puiserez une grande compréhension de la vie et beaucoup de joies. Même vos amours se teinteront fortement du sens de l'amitié et de la camaraderie. Par ailleurs, vous aurez tellement d'amis que vous pourriez négliger ou même laisser tomber certaines personnes que vous aimiez pourtant bien. Il sera un peu plus difficile pour vous de vivre des rapprochements trop intimes. Vous aimerez socialiser et vous amuser, mais vous ne serez pas si friand de confidences. Des gens qui se plaignent de tout et de rien ne vous conviendront pas du tout durant les prochains mois. Une seule solution si cela se présente: fuir.

La famille

En famille aussi, vous aurez l'esprit de camaraderie et vous vous intéresserez à chacun. Il sera bon d'être attentif à la façon dont vous communiquez, vous pourriez être moins bien compris que vous ne le croyez. Votre enthousiasme pourrait aussi vous jouer des tours: des proches moins heureux que vous penseront peut-être qu'ils comptent peu à vos yeux. Par ailleurs, si une personne près de vous a besoin de votre soutien ou d'une aide tangible, vous serez là. Comme vous serez d'aimable compagnie, une grosse fête de famille organisée par vous aurait toutes les chances de se dérouler à merveille.

Ce qu'on aimera de vous cette année

On aimera votre sens du groupe, votre goût pour le défi, votre courage devant les obstacles, votre sens de l'organisation et votre écoute. Très généreux de votre amitié, vous aurez aussi un fort sens de l'équité.

Votre défi

Vous pourriez être parfois nerveux, il faudra y voir par des moyens tangibles. Cultivez la concentration et le calme en faisant de la méditation ou une autre pratique qui apaise.

L'année selon votre élément

Si vous êtes né Serpent de Métal

Ce que vous souhaitez réaliser cette année, vous le réussirez mieux grâce à vos amis et à vos connaissances. Vous pourriez cependant être un peu moins ambitieux que vous avez l'habitude de l'être ; vous pourriez ralentir, vous amuser plus que d'ordinaire, cultiver la bonne habitude de vous faire plusieurs plaisirs par jour. Vous serez très sociable, donc profitez-en pour voir plus de monde que de coutume. Si vous voyagez, vous en tirerez de grandes joies. Côté cœur, il y a de la stabilité dans l'air. Vous n'aurez pas tendance à vous quereller pour des riens. Face à un ennui, laissez le temps passer, il arrangera les choses.

Si vous êtes né Serpent de Feu

D'un naturel aussi ambitieux que sage, ce qui donne souvent de bons résultats, vous pourrez compter sur vos capacités de communiquer et sur votre sens de l'amitié. Il n'y aura pas grand-chose à votre épreuve et si vous agissez avec délicatesse et gentillesse avec les proches et les collègues, tout ira comme sur des roulettes. Vous serez plein d'enthousiasme pour un projet ; allez de l'avant et vous pourrez bientôt en tirer tous les fruits. C'est une période de votre vie où il est bon de semer vos grains et de faire preuve d'un certain sens de la discipline : à long terme, le jeu en vaudra la chandelle. Un sacrifice fait cette année se transformera en bénéfice plus tard. En même temps, ne perdez pas de vue que c'est une année de plaisir pour vous : gardez du temps pour vous amuser.

Si vous êtes né Serpent d'Eau

Vous êtes sociable juste ce qu'il faut : ni trop ni trop peu. Cette année, vous le serez un peu plus, vous aimerez voir du monde, vous voudrez vous amuser, vous vous ennuierez si vous ne répondez pas à vos besoins de vivre avec les autres. Par ailleurs, il est possible que vous soyez très occupé côté boulot, ce qui ne vous déplaira pas du tout, bien au contraire. C'est une bonne année pour les gains (supplémentaires) et pour votre vie sociale. Encore une fois, vous arriverez là où vous l'espérez, et c'est peut-être votre grande souplesse qu'il faudra remercier en fin de compte !

Si vous êtes né Serpent de Terre

Ce sera une année harmonieuse pour vous ; rien ne viendra se mettre en travers de votre route et vous éprouverez de la joie à fréquenter vos amis et toutes sortes de gens qui ont les mêmes intérêts que vous. Du côté de vos activités, vous vous enthousiasmerez pour ce qui se fait en groupe, en équipe. Vous cultiverez d'ailleurs l'humour, ce qui vous vaudra peut-être de faire de nouvelles rencontres. Amusez-vous, ne soyez pas trop sérieux, soyez actif, et tout ira comme sur des roulettes.

Si vous êtes né Serpent de Bois

C'est une bonne année pour avancer discrètement vers ce que vous voulez ; des pas se feront en particulier grâce à des connaissances et à des amis. Soit ils vous conseilleront, soit ils vous donneront quelques informations, soit ils agiront carrément en votre faveur. Par ailleurs, vous aurez vraiment du plaisir à faire toutes sortes d'activités inhabituelles et qui sortent de l'ordinaire. Fuyez la routine cette année, car elle vous ennuierait profondément. Dans votre intimité, vous serez l'enthousiaste, le *leader*, le confident idéal...

Au fil des mois

Janvier

En famille, vous vivrez peut-être quelques tensions, mais vous réussirez à communiquer de manière efficace durant les deux dernières semaines du mois. Avec l'être aimé, si vous êtes en couple, vous serez en pleine confiance et en grande forme. Célibataire, vous plairez beaucoup, même durant la saison froide, et vous en serez flatté. Côté finances personnelles, la seule façon de gagner un peu plus d'argent pour le moment sera d'en dépenser moins ! Des questions d'organisation dans vos activités ou au travail se régleront enfin. Vous ne regretterez pas d'avoir été patient.

Février

Vous ne serez pas à l'abri de quelques tensions. Choisissez le calme et ne vous en faites pas avec des riens. Si vous avez des idées noires à l'occasion, ne les prenez pas trop au sérieux, respirez par le nez, faites une activité reposante et tout rentrera dans l'ordre. Au travail ou dans vos loisirs, vous continuerez d'être très intéressé par ce que vous faites. Allez de l'avant dans un projet qui vous tente, osez explorer, innover, vous découvrirez que vous pouvez vivre une passion pour une activité. Côté cœur, dites oui aux invitations, même si vous êtes un peu fatigué parfois, les rapprochements vous réchaufferont le cœur.

Mars

Prenez le temps de faire des activités avec votre partenaire plutôt que de vous contenter du quotidien. Si vous êtes célibataire, vous verrez beaucoup vos amis et serez peu enclin à penser à ce que vous n'avez pas ; toutefois, une personne chaleureuse pourrait vous être présentée. Voici un mois très actif du point de vue de vos amitiés et de vos activités. Si vous n'êtes pas membre d'un groupe, c'est le moment ou jamais de vous impliquer. Vous serez un élément rassembleur parmi les vôtres. Vous ferez en sorte que les gens s'entendent entre eux. Au travail, mettez votre énergie au service des autres. Vous aurez un vif besoin de vous sentir utile. S'il vous arrive d'être un peu irrationnel durant quelques jours ce mois-ci, sachez que cela arrive à tout le monde.

Avril

Vous penserez assez peu à votre personne durant les prochaines semaines, car vous vous intéresserez surtout à vos relations avec les gens, à ce qui vous relie à eux. En fait, vous penserez aux autres plutôt qu'à vous-même. Vous réaliserez que vous êtes bien entouré et que la plupart de vos associations sont stables. Côté cœur, la personne que vous aimez aura une forte personnalité et de grands besoins durant les prochaines semaines, et vous vous sentirez peut-être un peu en retrait. Si vous n'êtes pas en couple, vous pourriez tomber sous le charme de quelqu'un que vous croisez souvent. Mais vous devrez voir si cela est valable à long terme. Dans vos activités, vous vous adapterez à une nouvelle situation. Vous aurez un bon sens de l'adaptation.

Mai

Vous plairez beaucoup ce mois-ci et vous pourriez vivre de tendres sentiments. En couple, prenez du temps pour vous deux, partez quelques jours, organisez une activité qui sort de l'ordinaire. Célibataire, ouvrez les yeux ; regardez un instant ce qui se passe autour de vous : votre statut pourrait changer en un rien de temps ! Dans tous les cas, vous serez ouvert au plaisir. Dans vos activités, vous vous distinguerez par votre concentration et votre sens du devoir. Ce sera un bon moment pour mettre de l'ordre dans vos affaires et de voir où vous en êtes. Vous ferez des gains supplémentaires. Faites un petit régime santé léger, cela vous fera du bien.

Juin

Si tout vous semble être une course perpétuelle, ralentissez simplement votre pas, faites moins d'activités, et vous vous en trouverez mieux. Des questions de santé seront au programme. Ce sera un bon moment pour adopter un style de vie qui vous préservera mieux. Côté cœur, la personne qui vous aime prendra soin de vous de même que vous prendrez soin d'elle. Il est possible que des rivalités au travail vous agacent un peu. Essayez de compartimenter vos activités de manière à ne pas vous laisser toucher par des gens compliqués. Si vous éprouvez de la jalousie à l'égard d'une personne, c'est peut-être qu'elle est dans une position qui vous fait envie. Voyez ce qu'il en est. Somme toute, ce sera un mois actif durant lequel vous serez capable de vous occuper de vous de manière à être bien tant physiquement que psychologiquement. Par ailleurs, les enfants vous réjouiront.

Juillet

Dans vos activités, vous serez très habile et curieux, et vous vous inspirerez de l'expérience des autres. Si vous êtes célibataire et sans attaches, vous pourriez faire une rencontre inoubliable durant les prochains mois, mais il vaudrait mieux qu'il s'agisse d'une personne qui vient d'ailleurs ou qui a vécu dans un autre pays. Si vous êtes en couple, vous vous loverez l'un contre l'autre dans les prochaines semaines. Par ailleurs, tout ce qui est routinier perdra de son lustre à vos yeux. Côté humeur, vous serez détendu et calme en cette saison si agréable. Si vous êtes de la ville, vous vous découvrirez un amour pour la campagne, et si vous êtes de la campagne, prenez donc le temps d'aller en ville. Rien ne vous fera davantage de bien que de vous dépayser. En matière d'argent, il faudra faire vos comptes et prévoir des dépenses. La famille sera au cœur de votre vie. Des amis seront également présents.

Août

Vous resterez sociable, mais vous aurez tout de même besoin de moments de calme, de paix, de tranquillité, pour vous ressourcer. D'humeur plus secrète que dans les dernières semaines, vous pourriez avoir de la difficulté à parler de ce que vous vivez. Dans les faits, vous pourriez réaliser que les gens vous parlent beaucoup d'eux, mais qu'ils s'informent très peu de vous ! Vous serez par ailleurs très imaginatif, ce qui aura des applications heureuses en particulier dans vos activités. Vous serez content de pouvoir donner un coup de main à quelqu'un en cette période. En vacances ? L'équilibre sera bon entre loisirs et repos. En matière de finances personnelles, vous penserez aux coûts de la rentrée un peu avant les autres.

Septembre

Vous serez assez attiré par les défis de toutes sortes durant les prochaines semaines et ils se présenteront en nombre. Vos activités vous tiendront certainement occupé et vous pourriez vivre un succès bien mérité. Vous vous rendrez compte que vous avez un bon réseau et que cela est bien utile. Tout ce qui concerne votre quotidien se réalisera selon vos souhaits. Vous ferez preuve de souplesse, vous saurez jouer de vos contacts et vous serez également habile. Par ailleurs, ne tentez pas d'obtenir des avantages non mérités, cela vous retomberait sur le nez. En matière d'argent, vous pourriez faire appel à un proche pour de l'aide. Côté cœur, si l'être aimé n'est pas aussi sociable que vous, il ne prendra pas ombrage de votre humeur. Vous verrez beaucoup d'amis en cette période.

Octobre

Vous pourriez vivre un rapprochement familial. Un frère, une sœur, un parent ou un enfant appréciera votre présence, et vous aurez du plaisir à confier vos multiples pensées tout comme à entendre les confidences. Vous aurez la touche pour rendre votre habitation accueillante. Dans vos activités, laissez votre imagination et votre intuition vous guider et vous arriverez à bon port. Vous serez dans une forme resplendissante et votre vie sentimentale sera animée si c'est ce que vous souhaitez. Allez de l'avant dans un projet qui vous intéresse vivement. Vous progresserez rapidement. En matière d'argent, tâchez de rester réaliste, car autrement vous devrez payer plus tard.

Novembre

Vous voudrez communiquer avant tout et vous exprimerez vos opinions. Vous écouterez un peu plus difficilement que d'habitude ce que les autres ont à dire. Dans vos activités, vos idées pourraient être favorablement accueillies. Dans tous les cas, vous prendrez conscience de toute l'expérience acquise. Côté cœur, vous serez sentimental et peut-être même possessif. Essayez de ne pas devenir trop jaloux, cela ne donne jamais grand-chose à long terme. Pour aimer vraiment durant les prochaines semaines, il vous faudra agir, préparer de bons repas, proposer des sorties, imaginer quelque chose qui sort de l'ordinaire. Ne vous enlisez pas trop dans la routine, ce serait ennuyeux pour tout le monde. C'est bien une vie confortable, mais pas trop.

Décembre

Vous serez très optimiste en ce dernier mois de l'année et vous prendrez tout comme ça vient. Si vous avez l'occasion de partir en voyage ou de séjourner à la campagne, n'hésitez pas une seconde. Quitter votre quotidien vous fera le plus grand bien. Côté cœur, vous serez ouvert aux suggestions des gens que vous aimez. Dans tous les cas, vous serez d'une grande curiosité. Si vous exercez un travail intellectuel ou si vous êtes aux études, vous vous passionnerez pour vos tâches. Spirituellement, vous ressentirez le besoin de méditer, de prier, d'apprendre quelque chose sur l'histoire de l'humanité. Il est possible que vous changiez peu à peu d'état d'esprit au fil du mois : intérieurement calme, vous éprouverez un certain besoin de vous retirer à la fin de l'année.

Le Cheval

Cheval de Métal : du 30 janvier 1930 au 16 février 1931

Cheval d'Eau : du 15 février 1942 au 24 janvier 1943

Cheval de Bois : du 3 février 1954 au 23 janvier 1955

Cheval de Feu : du 21 janvier 1966 au 8 février 1967

Cheval de Terre : du 7 février 1978 au 27 janvier 1979

Cheval de Métal : du 27 janvier 1990 au 14 février 1991

Cheval d'Eau : du 12 février 2002 au 31 janvier 2003

Cheval de Bois : du 31 janvier 2014 au 18 février 2015

Vous êtes... élégant, attachant, charmant et populaire.

Vous appréciez les manières franches et vous assimilez de multiples connaissances en un temps record.

En raison de votre indépendance, on vous voit rarement demander conseil.

La personnalité du Cheval

Le natif du Cheval est une force de la nature et un être sociable. Il a un tempérament ardent et combatif. Il aime paraître et être reconnu en société. C'est un être souple et éloquent qui n'apprécie pas du tout être privé de son indépendance. Il adore voyager, il a besoin d'espace et il raffole des changements. Curieux de tout, il apprend en un temps record. C'est aussi un être imprévisible : un jour fougueux, le lendemain, d'un calme stoïque. Il est également charmant, plein d'humour, attirant et intuitif. Il parle beaucoup, mais il n'écoute pas tellement, ce qui peut lui nuire. Enthousiaste, il est peu porté à la planification et à l'introspection ; il se fie surtout à son intuition et à son cœur, ce qui d'ailleurs lui réussit bien. Il évalue les situations en un coup d'œil. Par sa franchise et son honnêteté, il inspire confiance à son entourage.

Le Cheval peut sembler ne rien faire, mais ne vous y fiez pas : il observe et se prépare à l'action. Ce n'est certes pas un oisif ! Côté travail, il excelle dans tous les domaines qui demandent d'improviser ; il a la capacité d'œuvrer sur plusieurs fronts à la fois. Il peut aussi fournir un effort très grand sur un très court laps de temps. Il n'aime pas trop attendre et patienter. Il lui faut des résultats ! Dans la continuité, il ne se révèle pas toujours efficace.

Le Cheval a un fort esprit de compétition. Le succès est un élément primordial de sa vie ; il est important qu'il le vise et l'atteigne car, autrement, il n'a pas l'impression de mener une existence intéressante. Il lui faut battre des records et triompher des obstacles. Bien qu'il soit en quête d'applaudissements et d'approbation, il est capable de reconnaître ses erreurs et de rebrousser chemin lorsqu'il fait fausse route.

Même s'il est affable, il sait être déterminé lorsque sa liberté et sa réussite sont menacées. L'inspiration et la motivation sont ses moteurs. Son imagination le sert bien, elle aussi. Il aime courir des risques calculés, mais il se fatigue vite et peut abandonner un projet au beau milieu de sa réalisation. Il a des dons de chef. S'il doit se déplacer, il sera plus heureux. C'est un bon vendeur et un associé avec lequel on ne s'ennuie pas. Il s'adapte aux changements avec une facilité déconcertante.

Le Cheval est considéré comme un des signes les plus chanceux dans le domaine financier. Il sait nouer des relations utiles, exploiter les situations et courir des risques calculés. Cela dit, il se porte toujours au secours des gens qui ont besoin de lui et partage sa chance et sa fortune avec ses proches.

Le Cheval apprécie tous les types de relations humaines ; il est d'ailleurs très populaire. Les soirées mondaines, les échanges, les longues conversations, les discussions lui font grand plaisir. On peut se fier à lui pour savoir si une association vaut la peine ou non, car il le sait d'emblée. Avec lui, ne soyez pas louvoyant, il déteste cela. Il a des antennes bien efficaces ! En famille, il est chaleureux, mais il donne une grande valeur à l'autonomie, chez lui-même comme chez les autres.

En amour, le Cheval peut s'emballer rapidement... et perdre intérêt tout aussi rapidement. Il aime surtout l'intensité. Il ne supporte pas la tiédeur, l'ennui et la monotonie. Il vaut mieux le surprendre, l'amuser et l'étonner si on veut le garder près de soi. Il a besoin d'un quotidien amusant. Le Cheval n'a pas un tempérament rancunier et après une dispute, il passe rapidement à autre chose. Il se dévoue avec ardeur quand il s'engage, mais cela peut prendre un certain temps. Au fil du temps, il apprend à maîtriser sa fougue. Madame Cheval peut s'attendre à réussir dans les affaires et dans les activités techniques ou artistiques ; elle est particulièrement douée dans la conception. Elle est réticente à faire la moitié du chemin dans des alliances où la seule récompense à espérer est l'affection ou la tendresse, car elle raffole des émotions fortes. Monsieur Cheval ne se conforme pas aux normes : il les invente ! Les natifs du Cheval sont de grands optimistes qui laissent toujours aux autres leur pleine liberté.

Ses rôles

- L'enfant apprend vite. Il est populaire.
- Le parent est souple et accorde une grande liberté à ses enfants.
- L'amoureux est généreux, enthousiaste et spontané. Il aime surprendre.
- L'enseignant est original. Il apprécie le sens de l'initiative et il sort des sentiers battus.
- En affaires, le Cheval est très dynamique.
- Le patron est parfait pour ceux qui n'aiment pas trop les patrons : il n'a pas tendance à surveiller tout le temps.
- L'ami ou le collègue est optimiste, original, sociable et ouvert.
- L'ennemi aime bien combattre.

Ce qu'il représente

Son nom, *Wu*, symbolise la perspicacité et la rapidité. Les hommes de l'Antiquité comparaient souvent le cheval au vent. En Chine, la monture du dieu du vent était un cheval. En astrologie chinoise, il représente un savant mélange des éléments Feu et Air.

Les éléments

Le Cheval de Métal est indomptable, imprévisible et libre. L'élément Métal fait de lui un grand rebelle. Ce natif se disperse en mille et une activités. Il a des idées géniales qui le tirent des mauvais pas.

Le Cheval d'Eau est curieux, drôle et souple. L'élément Eau le met en relation avec la sensibilité et les émotions. Ce natif est le plus intellectuel des natifs du Cheval. Il change souvent d'idée.

Le Cheval de Bois est aimable, énergique et innovateur. L'élément Bois favorise chez lui l'expansion et l'épanouissement, le bonheur et la générosité. Ce natif a l'art de la conversation. Il est optimiste et créatif.

Le Cheval de Feu est attirant et instinctif, mais il peut être distrait. L'élément Feu lui donne un grand magnétisme. Il lui confère aussi chaleur, générosité et joie de vivre.

Le Cheval de Terre est intuitif et imaginatif. L'élément Terre renforce son sens de la réalité et son esprit pratique. Le Cheval de Terre est plus lent et moins vif que les autres natifs de ce signe, mais il est plus décidé. Il excelle dans les finances.

Harmonies et conflits

++ Le Cheval, le Tigre et le Chien sont des signes de protection. Ils prônent la justice pour tous. Ce sont de courageux batailleurs. Le Tigre et le Cheval forment une équipe imbattable, tant en amour qu'au travail. Avec le Chien, la relation est harmonieuse.

\+ Le Cheval et la Chèvre se soutiennent. La relation est bonne. Avec le Coq, la relation se bâtit lentement, mais elle est très durable.

– Le Cheval et le Rat ne s'entendent généralement pas. Ils rivalisent !

Prévisions pour le Cheval

*Vous ne saurez jamais ce dont vous êtes capable
si vous n'essayez pas.*

Proverbe anglais

Du 3 février 2011 au 22 janvier 2012

Pour vous, l'année qui s'amorce sera marquée par les réalisations, tant du côté de votre intimité que de celui de vos activités. Vous voudrez bâtir sur du solide, vous stabiliser, faire vos preuves dans un domaine ou l'autre, faire la démonstration de vos talents... Et vous y arriverez. Il sera temps pour vous de faire avancer vos pions dans le sens souhaité. Ce sera également une année durant laquelle vous rencontrerez beaucoup de monde et serez très à l'écoute des autres.

Concrétiser un ou des projets vous tiendra à cœur, et vous serez prêt à y mettre toute l'énergie nécessaire. L'année 2010 était caractérisée par une recherche intérieure et un approfondissement de vos connaissances, 2011 sera plutôt sous le signe des réalisations.

Vous serez en mesure d'avancer considérablement vers ce que vous désirez accomplir, et pour cela vous saurez tirer les ficelles qu'il faut. Pensez à ce qui vous tient le plus à cœur et demandez-vous ce que vous souhaitez réaliser. Puis, fixez-vous un objectif simple et clair. Ensuite, faites des gestes en conséquence, et il est certain que d'ici quelques mois vous serez étonné de la distance parcourue. Gardez deux choses en tête: ne tentez pas trop de projets, car vous risqueriez de vous disperser, et ne vous contentez pas de rêvasser, ce serait improductif.

Dans leur ensemble, les prochains mois seront plutôt propices aux gains ou, à tout le moins, à la stabilité financière. Si, dans les dernières années, vous avez eu quelques difficultés, ce sera chose du passé. En ce qui concerne les activités sociales, vous sortirez beaucoup et vous pourriez voyager. Curieux de tout, vous ne vous lasserez pas de découvrir des nouveautés.

En ce qui a trait à vos relations, vous serez capable d'une meilleure écoute et de plus d'attention. Vous bénéficierez de l'aide de certaines personnes d'influence. Vous êtes d'un naturel diplomate, ce qui est bien et ce qui vous sert. Vous comprendrez mieux cette année l'importance de rester dans le vrai et d'être honnête envers vous-même et envers les autres. En tablant sur ce qui est authentique, vous serez bien dans votre peau.

Cultivez le calme dans votre vie quotidienne et même si vous aimez la compagnie, ne négligez pas vos besoins de repos et de solitude, il n'est que normal de se retirer une fois de temps en temps. Naturellement, vous êtes à la fois sociable et de tempérament solitaire; en respectant ces deux facettes de votre personnalité, vous vivrez une bonne année.

Vos amours

Vous serez plus attentif aux gens que vous aimez cette année, même si vous êtes très occupé. Vous réaliserez à quel point ils vous sont chers. Quelque chose en vous a changé et cela vous fait voir combien vous tenez à certaines personnes, en particulier à l'être aimé. De plus, l'an dernier vous avez été en mesure d'affirmer votre individualité et de réaliser que vous avez un bon bagage de connaissances, ce qui vous a certainement rendu plus confiant.

Vous voilà donc encore plus outillé pour tenir compte de l'être aimé et de vos proches. Vous ne donnerez pas tout, vous ne vous sacrifierez pas outre mesure, mais vous serez ouvert, capable d'une réelle présence et d'enthousiasme. Tout de même, n'oubliez pas que vous continuerez d'avoir un grand besoin de tranquillité. Si vous êtes fatigué, vous vous impatienterez pour un rien, ou encore vous ne serez plus tout à fait vous-même et cela pourrait nuire à votre relation sentimentale.

Aimer, ce n'est pas seulement « aimer bien », c'est surtout comprendre.

Françoise Sagan

Si vous êtes célibataire et que vous comptez le rester, cela ne vous empêchera pas de faire la connaissance de quelques personnes. Vous aurez du succès auprès des autres cette année et vous aurez du plaisir à faire plus d'une rencontre. Si, au contraire, vous souhaitez vous engager dans une relation stable, cela pourrait se faire dans votre cercle d'amis ou dans vos activités. Tenez quand même compte de ceci : vous serez peut-être plus intéressé par vous-même et par votre avancement social ou par vos activités que par les sentiments et les amours comme tels.

En couple, vous parlerez simplement et franchement de ce que vous ressentez, et vous écouterez aussi, ce qui vous rapprochera automatiquement de votre partenaire. C'est dans les gestes du quotidien que vous vous retrouverez facilement et agréablement. S'il y a des mésententes, si vous différez d'opinion sur certains sujets importants, en en parlant doucement et au bon moment, vous trouverez à deux la solution à bien des ennuis.

Quelle que soit votre situation, choisissez le chemin qui vous ressemble, ne tentez pas de vous conformer aux idées reçues ; c'est en étant intègre avec vous-même et avec l'être aimé que vous vous sentirez le mieux. Vous aurez la tête sur les épaules comme jamais et vous saurez prendre le chemin qui vous convient.

Cœur attention!

Faites passer l'amour (au sens large) avant les ambitions.

Cœur atout!

Votre sens du quotidien, votre capacité à embellir les jours ordinaires et les douces attentions dont vous savez faire preuve seront décuplés au cours des prochains mois.

Vos activités

Si vous avez acquis beaucoup d'expérience au fil des ans, vous pourrez faire vos preuves de façon tangible. C'est une bonne année sur le plan des récoltes, en particulier en ce qui concerne votre travail ou vos activités.

Posez-vous des questions pendant le premier trimestre, faites des plans et agissez posément : tout viendra au bon moment grâce à votre capacité de prévoir et d'organiser votre temps. Vous excellerez davantage dans la répétition que dans l'innovation cette année. Utilisez votre expérience, c'est grâce à elle que vous atteindrez vos objectifs.

Vous n'aurez rien contre le travail d'équipe en tant que tel, mais vous serez tout de même assez individualiste. Il est bien possible que vous préfériez agir par vous-même plutôt que de collaborer trop étroitement avec les autres.

En matière de communication, vous serez habile toute l'année, comme vous l'êtes naturellement. Vous serez également très à l'affût des événements mondains. Si vous êtes naturellement sauvage, vous découvrirez que vous êtes aussi très sociable. Vous apprendrez vite et tirerez des leçons de toutes les situations, ce qui vous évitera quelques faux pas. En fait, utilisez votre expérience passée, elle vous guidera. Enfin, vous pourriez bénéficier de l'aide précieuse d'un proche, d'un collègue, d'un patron qui vous connaît bien et vous respecte.

Les patrons, les collègues et les associations

Vous vous entendrez avec vos patrons à condition qu'ils usent de bon sens et qu'ils vous laissent suffisamment d'espace pour faire vos preuves. Vous êtes patron ou patronne vous-même ? Ce rôle vous irait tout à fait cette année, car vous saurez précisément ce que vous voulez et surtout vous saurez comment le proposer.

Bonne entente avec les collègues, sans plus. Pas de conflit avec des gens problématiques, car vous saurez vous éloigner à temps. Dites tout de même ce que vous pensez sincèrement à des collègues que vous estimez ; sans un minimum de vérité, il n'y a pas de rapports respectueux possibles.

Une ou deux clés dans vos activités

Établissez des contacts nouveaux : vous pourriez changer de travail ou vous faire de nouveaux amis.

L'argent et les biens

Si vous gardez le cap sur vos objectifs et fuyez les mirages, vous pourriez faire de bonnes affaires au cours des prochains mois. Au pire, votre situation sera stable, au mieux, elle s'améliorera. Si vous avez le profil d'un dépensier, ce qui serait bien étonnant étant donné votre signe, vous arriverez à vous discipliner suffisamment pour faire enfin quelques économies. Autrement, si vous êtes plutôt économe, vous vous intéresserez aux questions d'argent de telle sorte que vous pourrez en mettre un peu plus de côté. En fait, pensez surtout à faire diminuer certains coûts ; si vous négociez, vous excellerez, alors pourquoi ne pas tenter le coup ? Vous économiserez peut-être en vue d'un achat important et des acquisitions immobilières sont loin d'être impossibles.

C'est aussi une année qui pourrait être à peu près sans histoire en matière d'argent, car rien n'indique de mouvement particulier. Il y a de fortes chances que vous accordiez aux questions matérielles une importance relative, tout en profitant de ce que vous pouvez vous offrir.

Une ou deux astuces pour augmenter votre pécule

- Faites coïncider vos dépenses et vos revenus, vous terminerez l'année ni plus ni moins comme vous l'aurez commencée.
- Rien ne vous empêcherait de trouver une nouvelle source de revenus.

La forme, la santé, les loisirs

Si vous vous intéressez à un nouveau domaine, à un sport, à un loisir depuis quelque temps, il est temps d'aller de l'avant et d'en connaître tous les aspects. Vous aimerez cette année ce qui se touche, ce qui se bâtit, ce qui est concret. Vous n'apprécierez pas les rêveries et les chimères. Vivre de manière équilibrée vous tiendra aussi à cœur, tout comme rester en santé tout en ayant un maximum de plaisir. En fait, vous serez les épicuriens du zodiaque chinois, c'est-à-dire que vous agirez de manière harmonieuse dans votre vie quotidienne en délaissant un peu toute discipline excessive.

Vous serez attiré par l'aspect pratique des choses, entre autres l'aspect financier de vos activités et de votre vie en général. Par exemple, apprendre de quelle façon fonctionne la Bourse ou tout autre apprentissage concernant le côté financier de votre vie pourrait vous stimuler.

Autre domaine qui pourrait vous attirer: toutes les activités corporelles, de l'entraînement en solitaire dans un centre sportif au sport d'équipe, en passant par le yoga ou même la méditation. Sans en faire une religion, vous vivrez en harmonie avec votre corps et vous prendrez donc plus de temps pour vous sentir bien dans votre peau. Bon vivant, faire la cuisine saura également soutenir votre intérêt, et peut-être encore plus celui de vos proches.

Côté santé, visez l'équilibre entre vos activités et les périodes de repos, entre la vie en société et la vie de famille; ainsi, tout se passera bien. L'équilibre psychique passe par le corps et inversement, vous en prendrez peut-être une conscience plus aiguë cette année.

L'amitié

En amitié, cultivez les affinités de voisinage. Vous ferez aussi des rencontres au travail et dans vos loisirs. Partagez des intérêts, il n'y a rien de tel pour rapprocher les gens. Des amis pourraient vous donner un sérieux coup de main et vous comprendrez mieux encore que par le passé à quel point le fait d'avoir un réseau tricoté serré peut être bon. Vos amis voudront votre bien durant les prochains mois, et même durant les prochaines années, ce qui vous réjouira. Il y a aussi de fortes indications que vous rencontrerez des gens nouveaux avec qui s'établira une bonne camaraderie. Il y a bien du monde dans votre ciel des prochains mois.

La famille

Du côté de la famille, vous aurez un très fort esprit de clan durant les prochains mois, mais vous serez peut-être un peu dans votre bulle à cause de certains de vos projets personnels. Vous continuerez d'avoir un grand sens des responsabilités dans tous vos rapports familiaux. Comme parent, vous serez le guide parfait pour ce qui est de la vie en société, vous saurez donner les bons conseils. Comme enfant, vous aurez besoin de briller. Vous vivrez des rapprochements avec la fratrie et vous changerez de perspective à ce sujet. Si vous avez l'occasion d'organiser une fête de famille (élargie) ou d'aider à la préparer, ce sera un plaisir pour vous.

Ce qu'on aimera de vous cette année

On aimera votre sens pratique et votre côté secret et tendre. On appréciera aussi beaucoup votre qualité de communication et votre humour. Vous arriverez à mener vos projets tout en ne délaissant pas vos proches ; bravo !

Votre défi

Gardez votre bonne humeur en vous accordant des plaisirs quotidiens. Ne soyez pas trop sévère avec vous-même.

L'année selon votre élément

Si vous êtes né Cheval de Métal

Plein d'enthousiasme et de projets, vous vivrez une année très active. Vous serez à l'affût de tous les plaisirs et vous serez stimulé par tout ce qui vous entoure et qui est nouveau. Cultivez votre curiosité, n'hésitez pas à vous lancer dans une activité un peu originale. Votre vie sociale sera plaisante et cela suffira à votre bonheur. Bonne période pour rencontrer des gens avec lesquels vous avez des affinités ; des activités communes vous rapprocheront.

Si vous êtes né Cheval de Feu

Vous avez peut-être réalisé dans les dernières années qu'il vaut mieux ne rien tenir pour acquis. Si votre situation est parfois instable, profitez-en pour approfondir vos connaissances. Ce cycle devrait avoir commencé l'an dernier; il continuera cette année, sauf que cette fois vous saurez bien ce que vous voulez, vous serez accueilli par des gens qui pourront vous donner un coup de main, vous aurez de la chance, vous serez sociable (ce qui aide toujours pour atteindre des objectifs de travail). En bref, il y a de l'avancement dans l'air. Dans votre vie intime, continuez dans la voie choisie, c'est la vôtre.

Si vous êtes né Cheval d'Eau

Ce sera une année plutôt stable pour vous durant laquelle vous pourriez observer que les gens que vous côtoyez, et même la société dans laquelle vous vivez, sont un peu durs les uns à l'égard des autres. Vous vous ferez observateur et vous ne serez pas sans critiques. En ce qui vous concerne, on vous donnera le bon Dieu sans confession comme dit l'expression, et vous aurez le doux plaisir de constater que l'entourage vous trouve bien sage! Bon moment pour votre carrière si vous travaillez encore, car vous ferez de bonnes récoltes. Autrement, plongez dans vos activités et ne reculez devant aucun apprentissage; tout effort se révélera enrichissant. Physiquement, bougez, marchez, voyagez...

Si vous êtes né Cheval de Terre

Les prochains mois marqueront un tournant du point de vue de votre implication dans vos activités et même dans vos amours. Vous aurez la sensation de vous assagir et vous vous ferez observateur impartial dans plusieurs situations. Il est possible que vous soyez sensible à la nervosité de votre entourage ou à tout mouvement trop soudain. Vous saurez clairement ce que vous voulez et vous serez en mesure de le faire entendre à vos proches. Vous communiquerez aisément et vous serez capable d'écoute.

Si vous êtes né Cheval de Bois

Vous retrouverez votre cœur d'enfant cette année, si vous l'aviez laissé s'endormir. Vous aurez de l'enthousiasme pour de nouvelles activités et vous verrez la vie autrement. Fort de l'expérience acquise, vous irez de façon décisive vers ce que vous aimez. Vos rapports avec tous seront chaleureux et vous continuerez comme toujours de cultiver vos amitiés les plus chères. Physiquement, vous serez plus en forme que l'an dernier, c'est peut-être que vous avez fait les changements nécessaires: à chaque âge ses besoins, vous le savez et vous agirez en conséquence. Ça pourrait être une année sans histoire, un peu comme on le dit des gens heureux. Si parfois la vie vous semble répétitive, vous trouverez comment y intégrer du nouveau sans détruire l'ancien.

Au fil des mois

Janvier

Entreprenez un projet, agissez, discutez, remettez en question ce qui ne va pas, et vous passerez un bon mois. Fuyez la routine qui ne vous conviendra pas du tout. Vous aurez un réel besoin de sentir que ça bouge autour de vous, et si c'est trop stable, vous agirez pour que ça change. Si vous ne vous entendez pas avec tout le monde, prenez soin de réfléchir avant d'aller de l'avant dans un conflit : quelques conversations suffiront. Côté cœur, vous témoignerez de votre affection de la meilleure façon. Vous soutiendrez également l'être aimé s'il fait face à quelques obstacles. Les proches auront votre attention, en particulier les enfants. Côté activités et travail, vous serez créateur et curieux ce mois-ci. En matière d'argent, faites vos comptes précisément.

Février

Pour être bien dans votre peau, vous aurez besoin de repos et de moments de détente fréquents. Ne dites pas non à un peu de solitude, car cela vous permettra de réfléchir un peu. La vie intime vous apportera son lot de joies. Vous serez à l'aise avec vos proches et vous prendrez vos distances avec les gens que vous connaissez peu. Vous vous rendrez compte que vous aimez vraiment beaucoup certaines personnes. En matière de finances personnelles, si vous avez quelques soucis, demandez conseil et ne restez pas seul. Autrement, ne vous créez pas des inquiétudes de toutes pièces. N'ignorez pas vos besoins de loisirs.

Mars

Vous pourriez éprouver un désir de stabilité amoureuse en cette période, et si vous êtes célibataire vous voudrez peut-être changer de statut ; soyez ouvert à la nouveauté, ne vous tournez pas vers le passé. En couple, si vous espérez un rapprochement, vous y arriverez en n'essayant pas trop. Laissez la vie suivre son cours, faites quelques propositions et vous verrez que tout vient à point à qui sait attendre. En matière de finances personnelles, vous serez maître de vous-même. Quelle que soit votre situation, vous verrez les choses comme elles sont et serez capable de modifier la donne si cela se révèle nécessaire. Énergique et d'humeur volontaire, vous pourrez faire évoluer votre quotidien dans le sens voulu.

Avril

On vous soutiendra dans un projet. En fait, c'est simple, vous plairez beaucoup et vos idées seront prises en compte. Vos amours devraient bien se porter, surtout si vous restez à l'écoute de la personne aimée. Vous aurez par ailleurs la tentation de ramener ce qui se passe autour de vous à vous-même : gardez-vous de croire que tout vous concerne, c'est une illusion. Du côté des communications, elles seront nombreuses et surtout, elles vous permettront de faire évoluer un projet dans le bon sens. Il y aura plusieurs déplacements durant les prochaines semaines, cela ne vous ennuiera pas.

Mai

Vous deviendrez plus actif ce mois-ci. Si vous ne faites pas le choix de vivre en bonne entente avec votre corps et de vous dépenser physiquement, vous éprouverez des malaises. Autrement, vous aurez vraiment beaucoup d'énergie et vous pourrez faire ce que vous souhaitez. Intérieurement, vous pourriez traverser une courte période de remuements et de questionnements. Sachez que votre sens de la logique ne sera pas à toute épreuve, mais que par ailleurs votre imagination sera vive, votre créativité à fleur de peau. Avec les amis et les gens que vous rencontrerez, vous aurez des contacts chaleureux. En matière de finances, vous pourriez vous intéresser à un investissement à long terme. Des amis vous donneront leur avis et vous en tiendrez compte.

Juin

Vous éprouverez une grande joie si vous êtes bien entouré en cette saison agréable. En famille, vous aurez le goût du clan, vous penserez à chacun, vous organiserez tout. En amitié, vous aimerez la compagnie et vous pourriez recevoir pas mal. Recherchez l'animation, éloignez-vous de ce qui est trop calme. Il vous faudra de la compagnie pour être bien dans votre peau. Sortez autant que vous le pourrez, vous vous reposerez plus tard. Les sports d'équipe vous tenteront. Côté cœur, vous serez en forme et chaleureux, mais vous aurez peut-être un peu moins de plaisir que d'habitude dans l'intimité. Si votre partenaire ressent un besoin de tranquillité, il pourrait y avoir quelques tensions. Si vous êtes au travail en cette période, vous serez actif et efficace. Une promotion est probable.

Juillet

Durant les prochaines semaines, vous aimerez à la fois vous amuser et vous reposer, ce sera donc une période idéale pour partir en vacances. Si vous êtes au travail, vous collaborerez de la meilleure façon avec les collègues parce que la saison vous rendra souple et de bonne humeur. Cela dit, vous aurez besoin de tranquillité en ce mois d'été. Trop d'activités et de brouhaha vous rendraient nerveux. Côté cœur, l'être aimé sera aux petits soins avec vous, n'oubliez pas de lui faire plaisir. Si vous êtes célibataire, ce sera un bon moment pour rencontrer quelqu'un. Vous êtes libéré du passé depuis un bon moment, vous en vivez maintenant les bénéfices. Par ailleurs, vous aurez soin de voir à vos finances personnelles. Toute action en ce sens sera payante.

Août

Même si vous êtes en vacances, vous bougerez beaucoup car vous aurez le goût de l'action. Intérieurement, vous pourriez vivre des hauts et des bas, des moments où vous vous sentirez rempli d'énergie, et d'autres où vous aurez besoin de repos. Vous aurez également la capacité et le talent de régler un problème qui dure depuis un moment. En famille, vous serez en pleine forme et apprécierez la compagnie de vos proches. Des rapprochements avec les enfants ou les petits-enfants sont probables. Les jeux vous lieront aux gens, les amis comme la famille. Côté cœur, vous l'aurez tendre durant les prochaines semaines. Imaginatif et en forme, vous vivrez de doux vertiges. En cette saison, les activités liées aux arts vous intéresseront ; votre imagination et votre intuition vous guideront.

Septembre

Vous pourriez ressentir des pressions un peu fortes dans le contexte de vos activités ou de votre emploi. Vous aurez l'impression d'être au service de tout le monde et vous aurez une certaine agressivité latente. Dites ce que vous pensez, mais faites-le dans votre ligne de pensée habituelle, c'est-à-dire avec diplomatie. Par ailleurs, vous aurez encore, dans les semaines qui suivent, une imagination fertile et des solutions pour chaque problème. Dans la deuxième partie du mois, il pourrait y avoir un engagement plus ferme dans un projet qui vous intéresse beaucoup. Vous serez motivé par vos activités et vous abattrez pas mal de boulot.

Octobre

Vous aurez l'esprit grégaire en cette période et vous aurez beaucoup d'entrain pour les communications et pour ce qui se fait en équipe. C'est un très bon moment pour toute forme d'expression. Vous serez égal à vous-même en toute circonstance, ce qui facilitera tous vos rapports avec les gens. Vous serez aussi habile à transmettre vos connaissances et ce que vous avez appris ces derniers temps. Si vous enseignez, vous excellerez ; si vous éduquez, vous serez tout à votre affaire. Côté cœur, vous serez d'humeur plus amicale que passionnée. Vous continuerez de communiquer vos sentiments et pensées sur un plan universel. Intéressez-vous à ce qui a une incidence sur votre famille. Des proches se confieront ou vous vous confierez à un des vôtres. Des rapprochements s'ensuivront.

Novembre

Il est probable que vous soyez passablement occupé durant les prochaines semaines et que vous ayez l'impression de ne pas avoir une minute à vous. Cela dit, vous pourrez aller de l'avant avec vos idées, car on sera enclin à tenir compte de ce que vous direz. Il y a des périodes de l'année durant lesquelles nos contacts deviennent simples, en voici une. Dans vos rapports avec les gens, vous serez sincère, on le sera en retour avec vous. Fuyez la routine, elle vous ennuierait au plus haut point. Si l'être aimé se révèle ennuyeux, vous réagirez. Un conflit n'est pas impossible. En matière d'argent, vous aurez un fort sens pratique durant les prochaines semaines et même les prochains mois.

Décembre

Sociable, à l'écoute des autres en même temps que capable de vous affirmer avec simplicité, vous réaliserez que des situations qui vous semblaient difficiles sont en réalité intéressantes. Les relations familiales seront bonnes parce que vous réaliserez que vous avez les mêmes intérêts que vos proches, une expérience et une culture communes, et surtout beaucoup de goûts similaires. Vous aurez par ailleurs la bougeotte et il ne serait pas étonnant que le désir de partir au loin vous assaille. Laissez passer un peu de temps, car ce désir pourrait fondre comme neige au soleil sous peu. Vous serez plus intéressé par les loisirs, vos enfants, les activités créatives et les fêtes. Les réunions de famille vous plairont, vous y trouverez de quoi satisfaire votre sensibilité parfois réservée.

La Chèvre

Chèvre de Métal : du 17 février 1931 au 5 février 1932

Chèvre d'Eau : du 25 janvier 1943 au 24 janvier 1944

Chèvre de Bois : du 24 janvier 1955 au 11 février 1956

Chèvre de Feu : du 9 février 1967 au 29 janvier 1968

Chèvre de Terre : du 28 janvier 1979 au 15 février 1980

Chèvre de Métal : du 15 février 1991 au 3 février 1992

Chèvre d'Eau : du 1er février 2003 au 21 janvier 2004

Chèvre de Bois : du 19 février 2015 au 7 février 2016

Vous êtes… artiste avant tout.

Votre imagination est féconde, votre personnalité est accommodante, ce qui vous assure une vie heureuse.

La personnalité de la Chèvre

La Chèvre est reconnue pour ses capacités de conciliation et son attitude accommodante dans les temps difficiles. Quand tout va mal, elle garde le cap, conserve le sourire et réconforte ses proches. Mais ne vous y trompez pas : la Chèvre perçoit quand même la réalité telle qu'elle est. Elle est lucide : vous entendrez un commentaire acerbe ou une remarque juste, et vous comprendrez qu'elle voit clair.

On dit aussi que la Chèvre aime les paradoxes ; elle est à la fois aimante et distante, à la fois paresseuse et entreprenante. Pas plus disciplinée qu'il ne le faut, elle peut avoir tendance à remettre à demain ce qui peut être fait aujourd'hui si le beau temps l'appelle. Elle peut également devenir difficile quand elle n'obtient pas ce qu'elle désire : chèvre se dit *capra* en latin, et de ce mot nous vient le terme « capricieux », ne l'oublions pas ! La constance n'est donc pas sa force. Et si sa propension à changer d'idée n'est pas limitée par son entourage, cela peut lui causer plusieurs déboires. Cela dit, la Chèvre s'adapte bien aux changements, ce qui lui confère une force peu commune. Parce qu'elle peut vivre n'importe où, elle possède une grande force intérieure. En outre, elle est généralement polie, étant elle-même un modèle de décorum. Comme elle est sujette au stress, il est important qu'elle se réserve toujours des moments de calme et des lieux de ressourcement.

Pour ce qui est du travail, la Chèvre est l'inventrice et la créatrice du zodiaque chinois. Il vaut mieux d'ailleurs qu'elle ne choisisse pas une carrière trop rigide ou qui la priverait d'expression. Elle est nettement plus heureuse dans un milieu créatif.

Pas de routine et le moins possible de règles et d'horaires rigides pour elle, car elle s'en accommode difficilement. Cela dit, elle travaille bien en équipe, faisant aisément des compromis. On considère qu'elle fait un excellent partenaire, car elle sait tenir compte des suggestions des autres. La Chèvre peut malgré tout rejeter le blâme sur autrui quand ça ne va pas comme elle le souhaite. Ses partenaires doivent être énergiques. Elle a également besoin de diversité, ayant à la fois plusieurs intérêts et plusieurs talents. En raison de son attirance pour la liberté, elle est plus à l'aise en tant que patron que comme subalterne. C'est une entêtée qui parvient à ses fins. Ce qui ne lui convient vraiment pas ? Prendre des décisions sous la pression des circonstances.

En matière d'argent, aussi longtemps que la vie lui offre ce dont elle a besoin, tout se passe bien et elle n'est pas exigeante. Mais si son style de vie ou sa source de revenus sont menacés, elle ne négligera aucun moyen pour s'en sortir ! Généreuse et charitable, elle pense d'abord aux gens qui ont besoin d'elle, et ensuite à elle-même. Elle a des goûts de luxe ; son côté dépensier est d'ailleurs reconnu...

Dans ses affections, la Chèvre est très sensible aux autres. Elle privilégie les rapports intimes et les valeurs familiales, de sorte qu'elle restera très attachée à sa famille. Elle aime recevoir ; on dit même que sa porte est toujours ouverte. Si vous êtes proche d'une Chèvre, vous pourrez toujours compter sur elle en cas de besoin ; c'est un être généreux qui sait écouter, proposer et négocier.

La Chèvre voit mieux par les yeux de l'être aimé que par les siens propres. Elle ne craint pas la dépendance et elle se plaît généralement en couple. Elle préférera toujours un compagnon ou une compagne qui possède une bonne confiance en soi et des qualités de chef. Vous aimez une Chèvre ? Sachez que l'aimer, c'est la commander. Elle ne vous le dira pas, mais si vous ne prenez pas les rênes de la relation, vous ne resterez pas dans sa vie. Pourquoi ? Peut-être à cause de sa nature vaguement lunatique. La sécurité est importante dans la vie d'une Chèvre. Sa propension à se fier à l'autre la rassure et la protège. Si on s'occupe bien d'une personne de ce signe et qu'elle mène une vie agréable, elle restera tranquillement là et ne tirera pas sur sa corde, ou ne tentera pas de tout vouloir explorer comme la chèvre de monsieur Seguin. Madame Chèvre est une ensorceleuse. Elle aime la vie facile et embellit tout autour d'elle. Elle est également une dépensière hors pair... Monsieur Chèvre n'a pas l'esprit très pratique, mais il rend tout merveilleux autour de lui. La vie est une grande fête, il vous le prouvera !

Ses rôles

- L'enfant a besoin d'attention.
- Le parent gâte ses enfants. La Chèvre est en sécurité en famille.
- L'amoureux est hypersensible, protecteur et adore être protégé. Il se transforme pour être aimé.
- L'ami ou le collègue est sincère et généreux.
- En affaires, la Chèvre a un bon flair : elle semble savoir d'avance ce qui est voué à l'échec ou à la réussite.
- Le patron n'est pas un dominateur. Il s'occupe de sa popularité.
- L'enseignant est compréhensif et patient.
- L'ennemi n'est pas objectif. Pour vaincre, il se plaint et fait appel à ses relations.

Ce qu'elle représente

Une légende chinoise raconte qu'un jour, cinq anges quittèrent le ciel chevauchant des chèvres ; ces dernières avaient en leur gueule cinq céréales, soit l'avoine, le blé, l'orge, le millet et le riz. Elles semèrent les céréales et devinrent reconnues comme les pourvoyeuses de semences produisant les fruits de la terre. C'est un signe d'abondance.

Les éléments

La Chèvre de Métal est sûre d'elle. Elle établit une harmonie rationnelle et affective dans sa vie. Elle s'épanouit si elle a une certaine sécurité économique et affective.

La Chèvre d'Eau est charmante, intuitive et elle sait s'entourer. L'élément Eau est en relation avec la sensibilité et les émotions, ce qui peut rendre la Chèvre pessimiste. Elle a une grande sensibilité artistique.

La Chèvre de Bois est tendre et généreuse. Elle a le cœur sur la main. Les natifs de l'élément Bois se caractérisent par une vitalité équilibrée et par leur chance. Cette Chèvre adore littéralement sa famille et ses enfants.

La Chèvre de Feu se laisse facilement tenter et émouvoir. L'élément Feu lui confère chaleur, générosité, joie de vivre et courage. C'est la plus novatrice des Chèvre.

La Chèvre de Terre est serviable, rationnelle et indépendante. L'élément Terre renforce son sens de la réalité et son esprit pratique. Le natif est possessif, prudent et constant. Il est moins dépensier que les autres natifs de la Chèvre.

Harmonies et conflits

++ La Chèvre s'entend très bien avec le Sanglier et le Lièvre. Tous trois intuitifs, habiles et doués pour la collaboration, ils forment une équipe du tonnerre. Ils peuvent pourtant transmettre des vibrations très négatives dans les situations qui les déstabilisent. La Chèvre et le Sanglier s'entendent à merveille au travail, mais ils dépensent parfois trop ensemble. La Chèvre et le Lièvre sont assurés de connaître bonheur et succès ensemble.

\+ La Chèvre et le Serpent s'entendent... à condition d'avoir les mêmes intérêts. Ils doivent choisir les lieux et les circonstances de leur collaboration. La Chèvre est également à l'aise avec le Cheval. Ils s'attirent et créent des liens profonds et durables.

– La Chèvre et le Buffle devraient s'éviter, à moins d'avoir des ascendants qui s'entendent.

Prévisions pour la Chèvre

Laissez donc vos pensées négatives
traverser votre conscience comme les nuages
traversent le vide du ciel.

Jack Kornfield

Du 3 février 2011 au 22 janvier 2012

Voici pour vous une année enrichissante et intéressante à tous points de vue. Vous aurez le vent dans les voiles, vous ferez preuve de sagesse et de curiosité et vous aurez beaucoup d'énergie en même temps que le goût de l'action. Si l'an dernier vous avez pris le temps de faire un tour d'horizon profond sur votre vie, vous êtes maintenant en mesure de repartir sur des bases nouvelles.

Votre perception des choses évoluera. Vous occuperez peut-être le même emploi, vous vivrez en compagnie de la même personne, vous ferez les mêmes activités... mais vous verrez la vie autrement, avec plus d'ouverture sur le monde et davantage de curiosité pour ce qui vous entoure.

C'est une année durant laquelle vous serez plus conscient de vos talents et de vos qualités, mais également de vos possibilités d'explorer le monde. En ce sens, vous ferez un excellent voyageur et vous pourriez faire le choix de visiter un pays que vous ne connaissez pas encore.

Profitez de cette période faste pour aller de l'avant dans tout domaine qui vous attire. Certains parmi vous pourraient retourner sur les bancs de l'école ou s'intéresser à un domaine nouveau.

Si vous avez parfois l'impression que votre vie manque de piquant, que les défis sont rares, eh bien, préparez-vous à des changements durant les mois qui viennent, car vous serez intéressé par tout ce qui vous entoure. Seul bémol : vous aurez tant d'énergie et d'indépendance que vous pourriez trouver difficile la vie au quotidien. Il faudra vous surprendre pour vous rendre heureux. Et vous devrez fuir un tout petit quotidien qui se répète un peu trop. Votre ambition sera exacerbée et vous pourriez vous éloigner quelque peu de ceux qui ne sont pas dans le même état d'esprit que vous. Au cours des prochains mois, rappelez-vous que chacun suit son propre rythme et qu'un bon art de vivre consiste à se respecter et à s'accompagner soi-même, tout en restant attentif à ses proches.

Vos amours

Vous plairez certainement beaucoup cette année, on vous appréciera de toutes les façons et vous pourriez même prendre conscience qu'on vous aime secrètement. Une personne étrangère aurait tout pour éveiller votre intérêt, car vous aurez le goût d'en apprendre sur le monde. Vous ne craindrez pas du tout d'explorer des sentiers nouveaux. Vous aimerez particulièrement les personnes vives du point de vue de leur intellect, alors que vous vous lasserez rapidement d'une personne ennuyeuse ou trop facile à comprendre. Il faudra que l'être aimé vous surprenne par son intelligence et sa manière ouverte de penser. C'est vraiment le moment de vous laisser surprendre, ou même de provoquer le changement.

Célibataire, si vous ne comptez pas changer de statut, vous pourriez tout de même faire la connaissance d'une personne qui a une expérience de vie très différente de la vôtre. Ce qui vous agacerait, ce sont les gens qui se contentent de peu. Si vous souhaitez vous engager dans une relation à long terme, prenez le temps de voir quels sont vos vrais besoins. Ne vous enfargez pas dans les fleurs du tapis, comme dit l'expression. Ne vous attachez pas à des choses sans importance, car plus vous vous sentirez dépaysé, plus vous serez stimulé en amour comme dans le reste de votre vie. Laissez-vous surprendre par quelqu'un d'inhabituel.

Sourire trois fois par jour rend inutile tout médicament.

Sagesse chinoise

Si vous êtes en couple, vous serez attentif à l'être cher, mais en retour vous lui demanderez un réel engagement. Vous voudrez que l'être aimé s'intéresse à autre chose qu'au quotidien et vous supporterez mal un partenaire trop routinier. Il faudra que l'être aimé vous stimule en vous donnant l'impression de voyager. En échange, vous ne serez pas très exigeant et vous n'aurez pas tendance à vouloir vivre une relation trop fusionnelle. Un partenaire indépendant vous conviendra très bien. Il y a cependant un petit bémol à tout cela, c'est que parfois vous aurez tendance vous-même à peu tenir compte des besoins de l'être aimé tant vous serez intéressé par vos activités, par votre propre vie. C'est l'année toute désignée pour voyager, alors si vous sentez que votre couple a besoin d'un petit remontant, proposez des escapades ou même un grand voyage. Si vous n'avez pas la possibilité de partir au loin, pensez à des activités qui sortent de votre ordinaire.

Vous vous affirmerez cette année et vous pourriez faire passer votre vie sentimentale au second plan. Ce n'est pas si grave, à la condition d'expliquer à la personne aimée que ce n'est pas elle qui est remise en question, mais bien un besoin intérieur d'autonomie qui doit être comblé.

Cœur attention !

Plus vous serez libre intérieurement, plus heureux seront vos amours.

Cœur atout !

Vous comprendrez à quel point le fait de vivre en bonne entente dans l'intimité compte pour vous, et vous agirez en conséquence.

Vos activités

Au travail et dans vos activités, vous profiterez cette année de la confiance des gens qui vous entourent. On sera attentif à vos suggestions, on appréciera vos idées d'autant plus qu'elles seront nouvelles et imaginatives. Il y a une chose qui sera très importante à vos yeux, ce sera de continuer d'apprendre dans le cadre de votre emploi ou de vos activités. D'ailleurs, les personnes de votre signe qui étudient seront au sommet de leur forme et auront de bons succès. Votre concentration sera aussi très bonne (quelles que soient vos activités), vous vous en tirerez donc bien dans toute situation. Même à la recherche d'un emploi, vous n'aurez aucun problème, car vous saurez faire preuve de calme en même temps que d'intérêt.

Dans vos diverses activités, vous vous sentirez donc beaucoup mieux que durant les dernières années, même si vous vous sentiez déjà bien. Osez innover et défendre ce en quoi vous croyez, vous ferez les bons gestes aux bons moments. Aurez-vous l'appui réel de certaines personnes ? Oui, parce que certains croiront en ce que vous faites.

On pourrait à l'occasion vous jalouser quelque peu et peut-être aurez-vous avantage à accorder votre confiance après un peu de temps seulement, et non pas d'emblée. Évitez de travailler de manière trop grégaire, vous serez plus à l'aise si vous avez une bonne marge de manœuvre et si vous ne devez pas tenir compte de l'avis de tout un chacun.

C'est une bonne période pour entreprendre un projet, obtenir un contrat ou occuper un nouvel emploi. Du côté des communications, essayez de ne pas entretenir de vieilles rancunes, oubliez le passé... sans en oublier les leçons ! Bref, allez de l'avant, croyez en vos idées et en vous-même, tournez-vous vers des gens sûrs ; vous ferez de grands pas.

Les patrons, les collègues et les associations

Avec votre ou vos patrons, gardez les pieds sur terre et restez conscient de ce qu'on attend de vous. Écoutez, et proposez ensuite. Si vous êtes patron vous-même, vous saurez voir qui est à sa place et qui ne l'est pas. Cela vous sera très facile. Ce qui le sera peut-être moins, ce sera de déplacer ceux qui ne le sont pas, mais malheureusement, tout ne peut pas être facile dans la vie. Comme vous serez assez philosophe, vous ne vous en ferez pas pour des peccadilles.

Assez individualiste de nature, vous vous entendrez tout de même bien avec la plupart de vos collègues, car vous saurez vous rapprocher de ceux que vous respectez et vous éloigner des autres. Du côté des associations, il n'y a pas d'indication particulière, sauf peut-être en ce qui concerne des gens qui ont un bagage très différent du vôtre, soit pour ce qui est de leur formation, soit pour ce qui est de leur pays d'origine. Encore une fois, les gens qui vous donneront le sentiment d'apprendre et de voyager un peu vous intéresseront davantage que les autres. Ce sera une année d'équilibre du côté des rapports avec les gens que vous servez : clients, patients, étudiants ou autres.

Une ou deux clés dans vos activités

- Voyagez, ne serait-ce que par les livres ou par les gens que vous connaissez.
- Apprenez aussi : c'est l'année idéale pour vous intéresser à un nouveau sujet.

L'argent et les biens

Vous devriez profiter d'une stabilité du côté des finances personnelles. Vous serez plus intéressé que par le passé par une façon d'augmenter quelque peu vos revenus ou par des questions de placements. Cela dit, vous pourriez être aussi un peu plus dépensier et vous vous découvrirez peut-être des goûts de luxe que vous ne vous connaissiez pas ! Gardez tout de même les pieds sur terre. Vous serez très généreux cette année, comme vous l'êtes d'ailleurs naturellement. Ce qui change, c'est que vous n'aurez pas trop de propension à être bassement matérialiste : vous saurez que les rapports humains comptent davantage que les sous.

Vos dépenses pourraient se faire en voyage, mais vous n'aurez pas tendance à trop débourser pour des petits objets sans importance. Vous pourriez aussi décider de vendre un bien immobilier ou d'en faire l'achat.

Une ou deux clés pour augmenter votre pécule

Étrange, peut-être, mais il semble que vous pourriez faire des gains à l'étranger. Gardez donc en tête qu'un voyage pourrait vous coûter nettement moins cher que prévu !

La forme, la santé, les loisirs

Vous serez énergique et en bonne forme physique durant les prochains mois, et vous pourriez découvrir de nouveaux sports et loisirs qui vous rendraient la vie encore plus agréable. Vous irez à fond dans toute activité qui vous apprendra quelque chose. Étant aussi intéressé par l'aspect spirituel de votre vie, vous pourriez explorer plus à fond des activités qui vous permettent de vous connaître mieux, de partager avec les autres. Certains d'entre vous s'intéresseront à la philosophie ou à la religion. Vous aimerez en connaître davantage sur notre nature divine.

Vous pourriez adorer faire de la marche en montagne, de l'équitation, de la course à pied, du tennis. Les artistes parmi vous seront curieux de tout. Vous serez aussi très alerte du point de vue intellectuel et certains jeux comme les échecs pourraient vous passionner.

Côté santé, vous devrez être attentif à certaines baisses subites d'énergie et respecter votre corps en répondant à ce qu'il demande à l'occasion : du repos, une nutrition équilibrée, du mouvement aussi.

Vous serez sociable durant la belle saison. Passez l'été là où il y a matière à fêter et à se réunir pour un rien. Si vous partez en voyage durant l'année, que ce soit seul, à deux ou en groupe, vous rayonnerez de bonheur.

L'amitié

Vous aurez peut-être le sentiment d'avoir une vie sociale moins active durant les premiers mois de l'année, mais cela passera vite car vous rencontrerez des gens dans le cadre de vos activités. Plus centré sur vos besoins, d'humeur plus amicale qu'amoureuse, vous vous plairez en compagnie de gens inventifs et drôles. Il y aura des rencontres intéressantes, mais si vous vous ennuyez dans votre cercle, vous vous évaderez bien rapidement.

La famille

Du côté de la famille, vous serez la personne sage et philosophe du groupe. Eh oui, vous expliquerez comment il vaut mieux vivre, même si ce n'est pas votre penchant naturel. Si vous avez de jeunes enfants ou même de jeunes adultes, vous serez tenté de leur expliquer comment tourne le monde, et en fin de compte ils apprécieront beaucoup ce côté de vous. Peu intéressé par l'aspect pratique des choses, vous le serez davantage par la morale, par le bonheur au sens large, par la réflexion sur ce qui fait qu'on est heureux ou non. Avec des parents, vous serez plutôt indépendant d'esprit et vous pourriez les surprendre. Ce sera un bon moment pour apprendre à voler de vos propres ailes si vous êtes un jeune adulte ou pour acquérir un peu plus d'autonomie.

Vous aurez le cœur grand et large dans les prochains mois et cela réchauffera celui de vos proches.

Ce qu'on aimera de vous cette année

On aimera votre gentillesse (naturelle et quasiment légendaire), votre qualité d'écoute, votre attention, et plus que tout votre curiosité pour tout ce qui vous entoure. On appréciera aussi votre sens de l'honneur et votre grande compréhension du monde.

Votre défi

Libérez-vous de toute crainte inutile. C'est bien d'être prudent, mais il ne faut pas l'être trop.

L'année selon votre élément

Si vous êtes né Chèvre de Métal

C'est un tournant assez important pour vous qui vous stimulera beaucoup. Vous serez vif et aux aguets en ce qui concerne tous les sujets qui touchent l'étranger. Si vous voyagez, vous en profiterez pleinement. Votre humeur sera stable et vous vous sentirez au diapason avec tous. Capable d'écoute, mais en même temps en mesure d'exprimer vos besoins et vos opinions, vous cultiverez des rapports chaleureux et francs avec votre entourage. Une rencontre serait prometteuse.

Si vous êtes né Chèvre de Feu

Ce sera une bonne année pour continuer d'amasser de l'expérience dans votre domaine d'activités. Vous serez particulièrement consciencieux et vous aurez une bonne concentration, ce qui vous permettra d'avancer à pas de géant. Dans vos relations, vous aimerez les gens stimulants, et vous pourriez éprouver un certain dépit si vous aviez le sentiment d'être entouré de gens peu curieux. Exercez vous-même votre curiosité tant dans l'intimité que dans votre vie sociale. Un voyage vous ressourcerait, c'est une année idéale pour cela.

Si vous êtes né Chèvre d'Eau

Vous ne serez pas du tout pessimiste cette année, car vous ouvrirez votre esprit à de nouvelles connaissances. Vous pourriez rencontrer des gens qui viennent de l'étranger ou voyager. Curieux de tout, vous n'hésiterez pas à apprendre de nouvelles choses. Tout ce qui vient de l'étranger vous passionnera. Bonne période également pour prendre soin de votre corps. Vous saurez allier humour et sérieux de telle sorte que les gens apprécieront (comme toujours) votre compagnie.

Si vous êtes né Chèvre de Terre

Vous continuerez dans la voie choisie et vous serez d'un sérieux à toute épreuve. Vos rapports avec les gens seront stables et enrichissants ou ils ne seront pas. Vous aurez peu de patience pour les gens ennuyeux et cyniques. Vous pourriez vous passionner pour l'histoire ou la philosophie, car votre esprit sera vif. Un peu moins prudent que dans les dernières années, vous irez vers la nouveauté. Votre vie sera paisible, vous aurez l'esprit de consensus.

Si vous êtes né Chèvre de Bois

Ce sera une année intéressante pour voyager ou pour vous recycler. Vous voudrez du neuf dans votre vie et vous en aurez en vous passionnant pour vos activités anciennes ou nouvelles. Vous avez probablement fait le point l'an dernier (une sorte de bilan), et vous êtes mûr pour amorcer de nouveaux projets pour lesquels vous serez tout à fait à la hauteur. Votre expérience vous sera utile. La seule chose à laquelle vous devrez faire attention est, paradoxalement, de cesser de faire attention. Accordez-vous plus de liberté d'action et les portes s'ouvriront. Si de nouvelles personnes entrent dans votre vie, elles vous feront voyager ou elles viendront de l'étranger.

Au fil des mois

Janvier

C'est un bon moment pour voir ce qu'il en est de vos finances personnelles. Votre situation promet d'être bonne moyennant quelques choix et décisions. Au travail ou dans vos activités, observez de près de quelle manière les gens communiquent entre eux et vous saurez mieux comment les aborder. Avec votre partenaire de vie ou avec des proches, ce sera le moment de discuter de certaines questions. Vous serez capable d'une certaine objectivité et apte à vous mettre dans la peau des autres. Vous aplanirez des difficultés grâce à ces capacités. Vous serez très imaginatif durant les deux premières semaines du mois, organisé et méthodique durant les deux dernières. C'est un bon moment pour mettre un projet à long terme en route.

Février

D'ici la fin du mois, vous serez en mesure de voir réalistement où vous en êtes dans une situation qui vous rend quelque peu tendu. Côté finances personnelles, il serait d'ailleurs judicieux de faire un budget et de vous y tenir. En famille, vous aurez le cœur tendre et le goût de prendre soin de vos proches. Si vous avez de jeunes enfants ou des petits-enfants, vous prendrez votre rôle très au sérieux. Si vos enfants sont déjà grands, vous continuerez de vous informer de tout et de vivre en étroit contact avec eux. Des questions d'habitation seront à l'ordre du jour. Vous pourriez déménager, faire un achat immobilier ou simplement effectuer quelques changements dans votre lieu de vie. Planifiez le tout et attendez le printemps.

Mars

Vif et drôle, vous obtiendrez facilement ce que vous désirez. Habile, vous le serez dans tous les sens du mot. En matière d'argent, vous risquez de dépenser beaucoup, peut-être trop. En famille, il n'est pas exclu qu'un petit conflit fasse surface et qu'il s'exprime ouvertement. Dans tous les cas, écoutez et tâchez de faire du mieux que vous pouvez. Vous aurez peut-être tendance à vous priver de plaisirs, de jeux, de loisirs pendant un bon moment, mais vous ne pourrez pas y faire grand-chose si vous vous sentez vraiment ainsi, sauf que le fait d'en prendre conscience pourrait vous stimuler à agir autrement. Si vous souhaitez ne pas perdre votre temps, faites dès maintenant des changements dans votre habitation; ainsi, durant les prochains mois, vous aurez la tête libre. Les tâches domestiques vous changeront les idées.

Avril

Le mois sera propice à la planification de vos biens et avoirs. Vous aurez la tête sur les épaules et vous saurez agir concrètement. Évaluez votre situation présente et pensez à ce que vous souhaitez pour le futur. Agissez lentement, ne vous précipitez pas, autrement vous feriez de mauvais choix. Vous serez par ailleurs assez curieux en cette période et vous désirerez en apprendre sur tous les sujets. Actif physiquement, vous réaliserez à quel point cela a un effet positif sur votre humeur. Si vous ne bougez pas assez, vous serez moins heureux. Très bonne entente avec les amis et avec votre partenaire de vie si vous êtes en couple. Une personne pourrait vous plaire beaucoup, osez donc le montrer. Vous serez curieux des autres.

Mai

Travaillez en solitaire, réservez-vous des moments de tranquillité et de calme, ne voyez pas trop de monde, car vous serez plus ou moins sociable durant les prochaines semaines. Vous espérerez des changements; ils auront lieu, mais ce sera à un rythme assez lent. Continuez d'être méthodique, détendez-vous souvent et vous concrétiserez vos projets. Une chose est sûre, vous réaliserez que du côté matériel tout s'allège. Dans vos contacts avec les gens en général, vous pourriez projeter plus de nervosité que ce que vous ressentez réellement. Vous serez très tenté de voyager (c'est vrai pour toute l'année), tâchez de le faire réellement, vous avez le droit de prendre soin de vos désirs. Si vous le pouvez, préparez-vous à partir, vous en profiterez au maximum. Physiquement, vous serez en grande forme. La famille vous tiendra occupé.

Juin

Prenez votre temps ce mois-ci. Même si vous êtes en forme, vous aurez encore un peu de fatigue accumulée. Pensez à vous, seulement à vous, cela vous fera le plus grand bien. Faites aussi quelques achats qui vous feront plaisir. Avec les gens, surtout les proches et les collègues, si vous sentez qu'il y a quelque malentendu, expliquez-vous, mais n'insistez pas. Le temps arrange les choses et il ne sert parfois à rien de s'acharner. Dans la seconde partie du mois, vous sentirez que le vent tourne, vous deviendrez plus libre intérieurement et cela aura des effets sur vos relations avec les gens. Accueillez les signes d'estime et d'amour, c'est une bonne période pour cela. La saison est propice au bonheur, vous vous en rendrez compte.

Juillet

Si vous avez l'occasion de faire une escapade durant les prochaines semaines, de partir simplement quelques jours, vous en serez ravi. De toute manière, vous vivrez des communications très intéressantes avec les gens que vous côtoyez. Vous serez curieux de tout et de tous, et vous ferez des liens concrets entre les gens et les idées. Très bonne période pour apprendre, pour vous intéresser à quelque chose de nouveau. Vous entrerez bientôt dans un état d'esprit plus casanier, mais pour le moment intéressez-vous de près à tout ce qui vous entoure. Vous ensoleillerez la vie des gens de votre entourage et vous saurez vous lier aux bonnes personnes. Vous serez par ailleurs très attentif aux détails, voire un peu pointilleux ! Votre impulsivité agira surtout positivement durant les prochaines semaines. Allez de l'avant dans un projet qui vous tient à cœur. Vie familiale et vie amicale riches en rebondissements.

Août

Idéalement, il vous faudrait fuir la routine et vous dépayser quelque peu. Ce mois-ci, vos amours se vivront sur un mode sensuel et sociable. Vous pourriez officialiser une relation, vous engager à long terme ou même faire une rencontre. Si vous êtes célibataire, vous sortirez davantage et vous fréquenterez beaucoup vos amis, ce qui vous rendra bien. Diversifiez au maximum vos activités et vous serez dans une forme fantastique. Côté famille, il y aura des rapprochements. Vous serez guidé ou heureux de guider. Une activité créative vous stimulera beaucoup. Vous voudrez également faire de bons petits plats en cette période de l'année et profiter pleinement des légumes et des fruits de la saison. Vous cultiverez le bonheur au quotidien.

Septembre

Si vous travaillez en équipe ou si vous faites partie d'un groupe de loisirs, vous serez un élément rassembleur de ce groupe durant les prochaines semaines. Vous aurez du plaisir dans toute discussion, conversation, rencontre ou réunion. Cela dit, vous serez peut-être plus impulsif que d'habitude et certaines de vos réactions pourraient vous étonner vous-même. Prenez le temps de vous poser des questions sur vos objectifs avant de réagir à des remarques. Vous vous distinguerez par votre générosité envers vos amis et par votre capacité de démontrer la chaleur de vos sentiments aux gens dont vous êtes proche. Vous serez tout à la fois chaleureux et compréhensif. Vous profiterez pleinement de vos journées et de la vie en général. Si certaines personnes vous font des reproches, vous réagirez calmement et avec tant de doigté que tout se réglera rapidement.

Octobre

Un très bon mois pour faire de l'ordre, organiser votre espace de vie, travailler à un projet, voir la famille. Rien de grandiose, mais tout le bonheur sera dans les petits gestes du quotidien. Vous serez plus attentif à votre intimité et à ce qui est présent dans votre vie au jour le jour qu'à vos projets à long terme. C'est un mois durant lequel vous aurez avantage à faire des changements physiques. Il pourrait s'agir d'un changement de coupe de cheveux, de manière de vous vêtir. Intéressez-vous de près à votre allure et changez de style si le cœur vous en dit. Dans vos activités, vous serez actif et captivé. Votre sens des responsabilités ne se démentira pas. Pour l'amour, vous serez en forme.

Novembre

Temps de bilan pour les natifs de votre signe. Vous vous poserez des questions sur votre avenir et sur vos objectifs de vie. Vous serez non seulement en questionnement, mais peut-être aussi pas tout à fait logique. Laissez-vous guider par vos sentiments, vos intuitions, votre imagination, mais gardez les pieds sur terre. Ce besoin de faire un tour d'horizon de votre situation, de voir où vous en êtes se révélera riche en enseignements. Vous pourrez mieux voir ce qui vous rend bien et ce que vous aimez moins. Dans vos activités, terminez certaines tâches plutôt que de commencer quelque chose. Si vous êtes au début d'un projet, prenez soin d'en considérer tous les aspects avant d'agir. Pour votre santé, reposez-vous davantage, mais n'oubliez pas de prendre l'air.

Décembre

Si vous en avez la possibilité, prenez quelques jours de repos (et de préparatifs) avant les fêtes. C'est une période durant laquelle vous n'aurez pas trop d'énergie en surplus ! Ce serait bon également de prendre un peu de temps pour vous seul durant les premières semaines du mois, et si cela n'est pas possible, peut-être pourriez-vous aménager un petit coin plus tranquille dans votre demeure. Faites un bilan des derniers mois, vous saurez mieux comment organiser l'avenir. Tâchez de ne pas trop faire d'achats en cette période de l'année. On peut passer d'aussi bons moments tout en n'exagérant pas les dépenses. Avec vos proches (en particulier si vous avez des enfants), soyez clair et concis, établissez un horaire stable et vous verrez qu'ils peuvent s'amuser tout en ne s'excitant pas exagérément. Côté cœur, si vous êtes plus reposé et calme, vos relations seront meilleures. Bien sûr, vous ne pouvez pas tout contrôler, mais vous pouvez certainement changer certaines façons de faire. La fin du mois sera plaisante, vous réaliserez que vous vous entendez bien avec certaines personnes.

Le Singe

Singe d'Eau : du 6 février 1932 au 25 janvier 1933

Singe de Bois : du 25 janvier 1944 au 12 février 1945

Singe de Feu : du 12 février 1956 au 30 janvier 1957

Singe de Terre : du 30 janvier 1968 au 16 février 1969

Singe de Métal : du 16 février 1980 au 4 février 1981

Singe d'Eau : du 4 février 1992 au 22 janvier 1993

Singe de Bois : du 22 janvier 2004 au 8 février 2005

Singe de Feu : du 8 février 2016 au 27 janvier 2017

Vous êtes... le plus fantaisiste et le plus curieux des signes.

On vous dit malin et capable de persuasion.

Pour être heureux, fuyez la monotonie et la facilité.

La personnalité du Singe

Le Singe est connu pour sa curiosité, sa drôlerie et son intelligence. Il a un esprit fin, mais il lui arrive d'être incisif et sarcastique. Honnête ? Rien n'est moins sûr : son air coquin, il le mérite bien ! En Chine, on se méfie un peu des natifs du Singe et l'on n'a pas toujours tort...

Le Singe n'est pas un adepte de la facilité. Il aime les défis et il les relève avec brio. Tout est possible selon lui. Face à un obstacle, il est souvent plus stimulé que perturbé. On le dit doué d'une bonne mémoire mais, en fait, il se souvient de ce qui l'intéresse et s'empresse d'oublier le reste. Il aime par-dessus tout expérimenter : quand il fait un mauvais pas, il considère qu'il s'agit d'un apprentissage dont il se servira plus tard. Rien ne se perd, croit-il ! Il est généralement bon élève : il apprend vite et progresse bien. Cela dit, sa sagesse et sa culture ne sont pas du genre scolaire. Le Singe est assez sûr de lui. S'il ne l'est pas dans sa jeunesse, soyez assuré qu'il développera une bonne confiance en lui-même en vieillissant.

Dans la vie sociale, sans être autoritaire, le Singe aime bien établir les règles du jeu. Il est particulièrement apprécié pour son sens de la conversation. Généralement cultivé et curieux, il aura toutes sortes d'histoires intéressantes à raconter. En outre, quand il est dans les environs, les occasions de rire ne manquent généralement pas. Sa plus grande qualité est, sans contredit, son enthousiasme. Un de ses plus grands plaisirs consiste à se montrer plus malin que les gens qui l'entourent, mais avec le temps, il se rend compte que cette attitude peut éloigner de lui des gens de valeur.

Au travail, le Singe est un innovateur. Vous souhaitez faire quelques changements ? Associez-vous à lui, car il ne craint pas la nouveauté. Il se démarque par son ingéniosité et par sa vivacité d'esprit. Optimiste, il se sent heureux et stimulé quand il fait face à une situation complexe. Le pire, pour lui, c'est l'ennui. Face à un adversaire, il se révèle généralement astucieux. Il trouvera la faille et saura dissimuler ses intentions jusqu'au moment d'attaquer. Le Singe finit généralement ce qu'il commence : il aime les résultats. Il se perd rarement dans les rêveries et s'il le fait, il utilisera, tôt ou tard, la matière de ses rêves pour bâtir quelque chose. Bref, c'est un réalisateur. S'associer à un Singe, c'est se joindre à quelqu'un qui aime se croire plus fin que soi, mais qui saura se rallier à notre opinion s'il sent que nous avons raison. Même s'il a quelques prétentions, il aime trop l'intelligence pour ne pas la reconnaître.

Le Singe vit mal l'ennui. Demandez-lui de gagner sa vie à classer des fiches et vous le rendrez très malheureux ; comme il supporte difficilement le malheur, il partira. C'est un actif, mais il vaut mieux lui proposer des problèmes à sa mesure. Il doit toujours sentir qu'il avance. Il souffre moins de l'épuisement que de l'inactivité ou de la banalité. Il peut devenir patron mais, généralement, il n'y tient pas beaucoup. À choisir, il préférera travailler pour quelqu'un d'admirable, car il aime avant tout apprendre. Pour ce qui est de l'aspect matériel, l'argent compte assez peu pour le Singe. Vous ne pourrez pas le faire bouger en lui faisant miroiter un gain, car on ne l'achète pas. Cela dit, il est généralement habile à voir si un domaine vaut la peine qu'on s'y intéresse. Il est également bon vendeur.

Dans ses affections, le Singe a un esprit libre et, le plus souvent, un bon équilibre. Il ne souffre pas de grandes inhibitions ni de culpabilité. Il peut donner un coup de main ou de bonnes idées à ses proches, mais c'est, dit-on, surtout parce qu'il adore résoudre les problèmes, même s'il s'agit des vôtres ! À long terme, il est un bon compagnon parce qu'il finit par transmettre un peu de sa lucidité et de sa compréhension de la vie, ce qui est toujours utile.

En amour, la première chose que vous entendrez du Singe, c'est que la fidélité n'est pas son fort. On trouve beaucoup de célibataires et de gens qui ont vécu plusieurs unions chez ces natifs. Entre deux unions, ils prennent une toute petite pause. Mais au fond, le Singe est beaucoup moins volage qu'on le dit : en réalité, il espère simplement qu'on le croira tel. Sa réputation lui donne une aura de liberté aux yeux des autres. Une relation amoureuse avec un Singe sera marquée par l'humour, mais aussi parfois par le chaos sur le plan émotif. Le Singe peut tenter de manipuler, mais son côté enfant et sa sincérité vous le rendront unique. Avec le temps, il se révèle capable d'un amour profond et sincère. Madame Singe est, par certains côtés, une aventurière. Ses attachements étonnent toujours. Monsieur Singe aime les femmes qui ont de la conversation et une vie indépendante. Ne vous appuyez pas sur lui, mais sachez que vous rirez en sa compagnie.

Ses rôles

- L'enfant est curieux et précoce. Ce natif conserve un côté enfantin toute sa vie.
- Le parent donne le goût de l'excellence à ses enfants.
- L'amoureux est drôle, agité et imaginatif.
- L'ami ou le collègue est utile et lucide.
- En affaires, le Singe est compétitif et il gagne souvent.
- Le patron tient des propos clairs, mais il est plutôt exigeant.
- L'enseignant est créateur. On le dit à la fois guide et tortionnaire.
- L'ennemi est malin.

Ce qu'il représente

En Chine, le Singe est perçu comme un vagabond ou un aventurier. On dit qu'il est un bon intermédiaire entre le ciel et la terre. Selon les bouddhistes tibétains, leur ancêtre était un singe. Il représente pour eux un être surnaturel et bienfaisant ; il est une sorte d'ange.

Les éléments

Le Singe de Métal est un indépendant qui sait deviner les autres. L'élément Métal peut lui donner un caractère dur. Adroit en affaires, il sait conserver ses économies.

Le Singe d'Eau est intuitif et rusé ; on le dit fin stratège. L'élément Eau, en relation avec la sensibilité et les émotions, lui confère une grande réceptivité, de l'imagination et le besoin d'harmonie. C'est un intuitif.

Le Singe de Bois est rempli de nouvelles idées. C'est un curieux ambitieux. L'élément Bois favorise l'expansion et l'épanouissement, le bonheur et la générosité. Ce natif se caractérise par son sens moral.

Le Singe de Feu est inventif et enthousiaste. Il est calculateur et compétitif. L'élément Feu lui confère chaleur, générosité et joie de vivre. Ce natif est sûr de lui jusqu'à en être opiniâtre.

Le Singe de Terre est un studieux qui a le sens des responsabilités. L'élément Terre renforce son sens de la réalité et son esprit pratique. Le natif est généralement très cultivé. Il est prudent, constant et rationnel.

Harmonies et conflits

++ Le Singe, le Dragon et le Rat s'entendent souvent très bien. Tous trois actifs, ils regardent vers l'avenir et sont soucieux de leur performance. Le Singe et le Dragon se plaisent mutuellement et se comprennent; ils ont généralement une vie sociale très intéressante. Le Singe et le Rat ont des objectifs communs et pratiques; ils aiment se rendre utiles.

\+ Le Singe et le Sanglier ne se déçoivent pas et ne s'affrontent pas. Avec le Chien, le Singe s'amuse.

– Le Singe et le Tigre s'opposent. Seuls leurs ascendants respectifs peuvent les rapprocher.

Prévisions pour le Singe

Le monde déteste le changement, c'est pourtant la seule chose qui lui a permis de progresser.

Charles F. Kettering

Du 3 février 2011 au 22 janvier 2012

L'an 2011 sera une période de changements et d'adaptation à de nouvelles situations. Vous serez apte à agir pour améliorer toute situation que vous trouvez boiteuse. En fait, il s'agit d'une année durant laquelle vous trouverez des réponses à certaines questions que vous vous posez depuis très longtemps. C'est une année de métamorphoses, donc un bon moment pour vous libérer une fois pour toutes de certains réflexes ou d'un style de vie qui ne vous convient plus. Vous pourrez changer de chemin si c'est cela qui vous trotte dans la tête.

Vous oserez être vous-même, vous n'aurez pas tendance à paresser, vous agirez, peut-être avec douceur, mais vous agirez tout de même, et si cela doit bousculer un peu votre entourage, eh bien, vous vous direz enfin tant pis ! Dès le début de l'année, prenez le temps de considérer toutes les facettes de votre existence, de vous poser des questions sur vos relations, sur votre emploi du temps, sur vos activités et demandez-vous ce qui vous motive vraiment; puis, si certains aspects sont devenus fastidieux ou ennuyeux, agissez.

C'est une année de vérité, une année où l'on voit les faits comme ils sont plutôt que comme on les voudrait. Par ailleurs, vous aurez de l'énergie physique autant que psychologique et vous n'aurez pas tendance à vous prendre pour moins que ce que vous êtes. Vous aurez confiance en vous, cela paraîtra et cela vous sera utile.

Vous serez plus que protégé en matière de finances personnelles, votre pécule pourra enfin augmenter lentement et sûrement. En plus, vous vous découvrirez peut-être un intérêt grandissant pour les questions d'argent. Normalement, votre situation devrait être moins instable depuis un bon moment, mais en 2011, vous en tirerez des fruits mûrs. Si vous avez fait des efforts durant les dernières années, vous ferez une récolte cette année; autrement, vous vous mettrez sur le mode épargne et vous rattraperez le temps perdu.

Dans vos relations, vous serez très affectueux au cours des prochains mois. Tâchez de vous rapprocher des gens qui vous rendent à l'aise et de vous éloigner des autres. Vous serez sensuel et plein d'attention pour la personne aimée. L'amour au sens large vous attirera beaucoup: vous donnerez aux autres, vous en prendrez soin, vous partagerez avec plaisir des idées avec eux et vous vivrez de tendres émotions. Vous apprendrez aussi, si ce n'est pas déjà fait, à exprimer simplement ce que vous ressentez.

Un bon cru, somme toute, que cette année 2011, car vous miserez sur le présent. Vous serez heureux de constater que vous n'êtes plus anxieux quant à l'avenir ou triste par rapport au passé, mais simplement là où vous choisissez d'être: vrai et à l'aise. En étant plus présent, vous serez plus heureux.

Vos amours

Dans vos relations intimes, vous aurez une énergie positive forte et vous constaterez que vous en avez bel et bien fini avec les amours conflictuels ou trop puissants pour se vivre bien au quotidien. Honorez votre désir de sensualité, ne vous laissez pas aller à l'oublier et rapprochez-vous de la personne qui vous fait du bien. Vous aurez de la fougue, il ne faudrait pas la freiner. Il sera très important de vivre vos sentiments et vos émotions sur un mode sincère.

Si vous êtes célibataire et que vous comptez le rester, vous prendrez davantage conscience de cet état durant les mois qui viennent, et vous n'aurez plus tendance à suivre des chemins balisés et à vous imaginer que vous voulez des choses que vous ne voulez pas. En prenant le temps de réfléchir à ce que vous désirez vraiment et en étant honnête avec vous-même, vous verrez où vous en êtes. Si vous faites une rencontre cette année, elle sera fondée sur une forte attirance physique et de grandes émotions de partage. Dans le cycle que vous vivrez, il n'y aura pas de place pour des sentiments moyens ou des rapprochements de simples camarades. C'est par le corps que vous vous exprimerez le mieux. Une personne froide aura vraiment peu de chance de vous attirer. Vous plairez aussi, car vous dégagerez de la sensualité et un sentiment de liberté retrouvée, ce qui est toujours attirant.

Sois ce que tu es, rien de plus :
calme, clair et limpide.

Richard Bach

Si vous êtes en couple, vous pourriez vivre une deuxième lune de miel tout en sensualité. Consacrez du temps à votre union, parlez davantage de ce que vous ressentez, intéressez-vous sincèrement à l'être aimé, n'ayez pas peur de donner beaucoup.

Vous serez passionné tout au long de l'année, et si vous vivez un amour naissant, vous vous enflammerez avec grand bonheur. En couple depuis longtemps, vos tensions se résorberont et seront suivies de moments de pure grâce.

Une bonne manière de vivre des rapprochements avec la personne que vous aimez sera de partager des loisirs avec elle. Il est peut-être temps de préparer un voyage à deux ; celui-ci pourrait se révéler vraiment énergisant pour votre couple.

Cela dit, vous aurez une humeur stable cette année, et vous n'aurez pas tendance à désirer ce que vous n'avez pas. La réalité vous conviendra très bien. La seule chose qui pourrait vous choquer serait un partenaire indigne de vous qui tenterait de vous mener en bateau, mais je ne suis pas inquiète, vous êtes trop intelligent pour vous laisser conduire là où vous ne le souhaitez pas et pour vous faire berner par qui que ce soit. En étant vrai dans vos rapports sentimentaux, en ne les exagérant pas et en ne les diminuant pas, vous verrez que le ciel peut s'éclaircir durablement.

Cœur attention !

- Quittez les passions excessives une fois pour toutes.
- Ne pensez pas trop avant d'agir.

Cœur atout !

Votre sensualité sera forte et vous exprimerez chaleureusement vos sentiments.

Votre équilibre intérieur jouera de façon heureuse dans votre intimité.

Vos activités

Cultivez votre capacité d'adaptation à des circonstances nouvelles, et votre année se révélera des plus intéressantes. Si vous vous raidissez, si vous voulez que plus rien ne bouge, vous trouverez les prochains mois longs et ardus. Si, au contraire, vous vous assouplissez, si vous accueillez les changements avec un esprit de défi, tout se passera bien. Comme atout, vous aurez une grande capacité de travail et un sens de la planification exceptionnel. Vous voilà en position de réorganiser toute chose qui fonctionne mal, de faire de l'ordre, d'adopter une méthode efficace.

Vous aurez toutefois assez peu de tolérance et d'ouverture pour les gens (collègues, patrons ou clients) qui ne sont pas vraiment responsables. Les gens insouciants vous agaceront, tâchez de ne pas fixer votre attention sur eux : vous êtes maître de vous-même, mais pas des autres. Devenir intransigeant ne nuirait qu'à vous-même.

Vous serez par ailleurs très actif sur le plan de l'intellect et votre curiosité ainsi que votre capacité d'apprentissage seront décuplées. Étudiez une matière encore inconnue et vous ferez de grands pas durant les prochains mois. Savez-vous que trente minutes par jour à pratiquer une langue étrangère pourrait vous éveiller à une nouvelle culture ?

D'autre part, vous pourriez être appelé à vous déplacer dans le cadre de vos activités. Il serait bon que vous vous donniez des défis à votre mesure, car si vous vous contentez de répéter ce qui vous est familier, si vous continuez dans une routine que vous connaissez trop bien, votre humeur s'en ressentira, vous en souffrirez. Si vous n'êtes plus dans votre première jeunesse, ne vous laissez pas arrêter par votre âge, ce ne serait pas une bonne idée. Vous êtes un Singe, et un Singe bouge tout le temps, toute sa vie...

Les patrons, les collègues et les associations

Votre attitude par rapport à l'autorité ne changera pas cette année, à moins que vous ne deveniez vous-même patron. Comme on a pratiquement toujours quelqu'un au-dessus de soi, vous devrez quand même être attentif à ce qu'on espère de vous. Si vous devez vous adapter à un nouveau patron, soyez ouvert d'esprit et vigilant, et vous pourrez relever un nouveau défi avec brio. Traitez vos collègues avec diplomatie et tâchez de ne pas être impatient. Vous aurez tendance à aller vite ; faites attention aux détails et ce sera payant.

C'est tout de même une année marquée par un fort individualisme de votre part. Vous fonctionnerez mieux seul qu'en équipe, et si vous aimez ou devez travailler en équipe, vous devrez voir à ce que les rôles soient clairement définis. Attention de ne pas brimer les autres par votre besoin (au demeurant légitime) de vous distinguer.

Ce n'est pas l'année idéale pour les associations nouvelles, à moins qu'il ne s'agisse d'une personne ou d'un groupe de personnes avec qui vous êtes certain d'avoir des points en commun et les mêmes objectifs. Si vous êtes à votre compte, vous collaborerez tout de même bien avec les gens en général.

Vous serez doublement efficace si vous vous sentez utile. Rendez service ou donnez-vous à une cause humanitaire. Votre créativité sera forte : sautez dans l'inconnu ! La nouveauté vous passionnera.

Une ou deux clés dans vos activités

- Suivez un cours de dessin, de chant, de théâtre.
- Jouez au golf ou faites une autre activité qui demande de la concentration.

L'argent et les biens

L'année s'annonce plus que bonne en matière d'argent, de biens et d'investissements. Si vous avez économisé dans les dernières années, vous souhaiterez continuer dans la même voie. S'il est temps de faire des paiements substantiels afin de mettre de l'ordre dans vos affaires personnelles, vous aurez durant les prochains mois l'attitude nécessaire pour atteindre vos objectifs.

Vous pourriez également recevoir au cours de l'année un montant d'argent que vous n'attendiez pas ou plus. Un cadeau considérable pourrait vous être fait, un contrat payant pourrait vous surprendre. Mais quelle que soit votre situation, vous pourrez compter à la fois sur la chance et sur votre capacité de faire face à vos responsabilités pour améliorer votre situation. Vous constaterez cette année qu'on change selon certains cycles et que cela peut modifier grandement votre manière de gérer vos avoirs. Vous aurez plus d'assurance en ce domaine. Une très bonne année s'annonce, ne gaspillez pas vos chances. Maîtrisez vos tentations et vous évoluerez dans le sens souhaité.

Une ou deux astuces pour augmenter votre pécule

Pensez à l'argent, occupez-vous de l'argent, faites vos comptes et vous en gagnerez davantage.

La forme, la santé, les loisirs

Des questions de santé retiendront votre attention au cours de l'année à venir. Il pourra s'agir de votre santé ou de celle d'un proche. Vous serez appelé de toute façon à revoir votre manière de vivre au quotidien et à faire des ajustements de manière à conserver un maximum d'énergie. La santé, vous vous en rendrez compte plus que jamais, comporte une bonne part d'émotions et de psychologie. Vous en profiterez peut-être pour vous questionner sur vos motivations et vos choix de vie.

Vous serez aussi en contact étroit avec les émotions des gens que vous côtoyez, et vous aurez un sens du sacrifice qui ne vous est pas habituel. Consacrez-vous à une cause, donnez du temps à un proche, échangez sincèrement avec ceux que vous aimez et vous comblerez des besoins intérieurs profonds.

Vous dépenserez une énergie incroyable au travail (ou dans vos activités) pour atteindre vos objectifs, ce qui pourrait vous laisser à quelques reprises un peu sur le carreau si vous oubliez de vous ressourcer. Une bonne manière de vous régénérer sera de pratiquer un sport ou de faire des exercices physiques. Choisissez des activités complexes qui demandent un apprentissage sérieux ; vous y trouverez paradoxalement une grande détente intérieure. La meilleure façon de vous détendre sera de vous concentrer sur des activités autres que celles de votre vie quotidienne. Essayez quelque chose de neuf, allez vers un art martial ou une autre discipline que vous connaissez peu.

Côté loisirs, vous serez intéressé par ce qui est mystérieux et caché. Lisez des romans fantastiques ou policiers, intéressez-vous à la mythologie ou à la psychologie. Et si vous n'avez pas eu l'occasion de voyager l'an dernier, il sera peut-être temps d'y voir cette année ou de planifier pour l'an prochain un séjour dans un lieu qui vous est totalement inconnu. Vous serez attiré par ce qui se passe à l'étranger et par les cultures qui diffèrent de la vôtre ; mais cela n'est valable que pour deux ans.

L'amitié

Dans vos amitiés, il pourrait y avoir des changements de cap et quelques conflits à régler ou à oublier. Intérieurement, vous changerez beaucoup, ce qui pourrait du même coup vous faire réaliser que vous partagez de moins en moins d'intérêts et de points communs avec certaines personnes. Par ailleurs, vous pourriez vous rapprocher de gens avec lesquels vous aurez beaucoup d'affinités.

La famille

Vous aurez besoin de vous sentir utile aux membres de votre famille, autrement vous aurez l'impression de n'avoir rien à faire.

Rendez service et vous vous sentirez bien. Avec les enfants, vous aimerez leur enseigner des choses nouvelles et vous leur inculquerez des principes de vie. Vous prendrez votre rôle de parent très au sérieux et ferez preuve d'un grand sens des responsabilités. Avec des parents, des frères ou des sœurs, vous vivrez un rapprochement et passerez du temps en leur compagnie. Si de grands changements se dessinent, vous vous adapterez tranquillement à une nouvelle situation.

Ce qu'on aimera de vous cette année

On aimera votre capacité de faire face au changement et de l'expliquer aux autres. On appréciera également votre sens des responsabilités. Équilibré, vous souhaiterez satisfaire votre entourage sans pour autant vous oublier.

Votre défi

Équilibrez les divers aspects de votre vie ; si vous voyez que vous en avez négligé un, concentrez-vous sur celui-ci et vous pourrez en changer.

L'année selon votre élément

Si vous êtes né Singe de Métal

C'est une bonne année pour faire bouger les choses et pour exprimer ouvertement vos désirs et vos projets. Il y aura du boulot, mais vous en récolterez les fruits. Vous serez plus confiant en vous-même, plus stable intérieurement et, de plus, la chance sera présente surtout en ce qui concerne l'aspect matériel de votre vie. Par ailleurs, vos amours pourraient être passionnés ; prenez la vie avec un grain de sel tout en faisant connaître vos émotions et vos désirs.

Si vous êtes né Singe de Feu

Vous vivrez un sentiment de nouveau départ durant les prochains mois et les changements ne vous feront pas peur, bien au contraire. La passion n'est pas absente de votre ciel, mais si elle est là, vous la maîtriserez suffisamment pour la vivre en toute sérénité. Allez au cœur de ce que vous aimez faire et privilégiez les gens avec lesquels vous êtes bien. Vous aurez un sentiment d'urgence et suffisamment d'énergie pour agir. Vous pourriez avoir davantage que ce que vous avez en ce qui a trait à vos biens, vous en prendrez conscience et vous agirez en conséquence. Bougez, tant physiquement que mentalement, tout en prenant votre temps : la lenteur vous ira comme un gant.

Si vous êtes né Singe d'Eau

Vous vivrez en harmonie avec votre entourage cette année et votre intuition sera plus forte que jamais. Étant par nature à la fois sensible et fort, vous arriverez à ressentir les émotions tout en ne vous laissant pas happer par elles. Cette année, cette part de vous ne changera pas, mais les événements pourraient provoquer des changements notables dans votre vie. Prenez la vie doucement, elle fera de même avec vous. Initiez-vous à une activité créative ou sportive. Prenez votre envol, donnez-vous toute la latitude et la liberté nécessaires pour être heureux. Qui d'autre que vous sait ce qui peut vous rendre heureux ?

Si vous êtes né Singe de Terre

C'est une année dans la continuité de la précédente, avec en prime plus d'enthousiasme pour vos activités et votre vie sentimentale. Vous serez en mesure de faire évoluer votre existence dans le sens souhaité, car vous saurez précisément ce que vous voulez et ce que vous ne voulez plus ! En forme physiquement, vous aurez besoin de dépenser votre énergie. L'amour pourrait être au rendez-vous. Si vous êtes déjà bien dans votre vie, vous réaliserez qu'il est toujours possible que ce soit mieux.

Si vous êtes né Singe de Bois

Imaginatif et créatif comme vous l'êtes, vous allez sûrement commencer une nouvelle activité cette année, vous lancer dans une nouvelle passion, amorcer un projet enlevant. C'est une année qui vous apportera un grand sentiment de liberté et de gratitude. Vous constaterez que votre sens de l'adaptation (propre à tous les natifs du Singe, d'ailleurs) joue en votre faveur dès que la vie change, ce qu'elle fait à chaque instant. Deviendrez-vous bouddhiste ? Peut-être. En tout cas, vous vous intéresserez à toutes sortes de sagesses.

Au fil des mois

Janvier

Le mois sera propice à une augmentation de revenu ou à des gains inattendus, mais les dépenses suivront, n'en doutez pas.

Vous vous étonnerez de toute l'action qu'il y aura dans votre vie en ce début d'année. Vous serez vif et en forme durant les prochaines semaines. Vous comprendrez certains faits et vous vous adapterez à une situation nouvelle. Vous aurez aussi beaucoup d'idées novatrices, car vous n'aurez pas du tout tendance à répéter le passé. Côté cœur, vous serez en paix avec l'être aimé et avec vos proches : c'est une bonne période pour votre intimité. Étant pleinement vous-même, vous ne fausserez rien dans vos rapports avec les autres. Vous vivrez en bonne entente avec tous et vous n'aurez envie de juger personne.

Février

C'est un mois pour restructurer vos activités, pour modifier un peu votre emploi du temps, pour faire de l'ordre dans vos papiers ou dans votre demeure. En famille, vous serez attentif aux proches, et vous ne lésinerez pas sur ce que vous pouvez donner. Vous vous occuperez de chacun et vous cultiverez l'harmonie. Passez du temps à la maison, traînez, ne vous en demandez pas trop. Côté cœur, vous vivrez en bonne entente avec tous, et en particulier avec l'être aimé. Vous aurez une forte créativité : mettez vos idées sur la table, elles seront à la fois originales et réalisables. Si un projet de vacances vous trotte dans la tête, c'est un bon moment pour le préciser. Des collègues pourraient vous agacer ; si c'est le cas, tâchez de prendre vos distances.

Mars

Vous ressentirez le besoin de relever un nouveau défi, et vous voudrez avoir un meilleur contrôle sur votre environnement et sur les événements de votre vie. Prenez soin de vous du point de vue physique et psychologique en ne vous privant pas de plaisirs quotidiens. Si vous souhaitez vous évader de votre train-train, c'est une bonne période. Un voyage pourrait vous tenter : ce serait une bonne idée, préparez-le bien. Des questions domestiques retiendront votre attention. Dans vos activités, vous vous ennuierez si vous laissez s'installer la routine. Côté cœur, vous serez en grande forme et peut-être vivrez-vous un rapprochement avec une personne que vous aimez. La vie de famille sera plaisante, à condition que vous y accordiez beaucoup d'attention. Si vous vous sentez seul à certains moments, appelez un proche ou un ami, vous lui ferez plaisir et cela vous fera du bien.

Avril

En *avril*, vous pourriez recevoir un dû, une prime ou faire un gain inattendu. Que vous ayez de la chance ou que vous soyez bon administrateur, vous pourrez vous offrir quelques gâteries que vous méritez bien. Dans vos activités, vous brillerez par votre originalité et vous aurez des idées qui surprendront tout le monde ; même si des gens conventionnels pourraient hésiter à vous faire confiance, vous saurez en fin de compte les rallier à vos opinions. Côté cœur, vous serez calme et attentif aux gens que vous aimez, ce qui facilitera votre quotidien. Vous pourriez vivre des émotions fortes avec l'être aimé. Il y aura des rapprochements et des moments tendres, c'est certain. Pour ce qui est de votre santé, ne faites pas l'autruche : quand on abuse, on finit par en payer le prix. Donc, gardez en tête qu'il est bon d'avoir au moins une certaine discipline.

Mai

Mai annonce des amitiés fortes, des conversations, des rencontres agréables. C'est un mois pour sortir, faire du sport, marcher et profiter de la nature. La famille pourrait vous tenir occupé, et il vaudrait peut-être mieux tracer vos limites. Dans vos activités, vous voudrez faire certains changements ; eh oui, vous pourriez vous réorienter quelque peu. En matière d'argent, vous ne serez pas à l'abri des illusions. Avant de faire une grosse dépense ou un placement, demandez conseil à une personne plus expérimentée que vous. Vous aurez beaucoup de concentration et de détermination durant les prochaines semaines et ces qualités vous serviront tant dans l'intimité que socialement.

Juin

Juin sera propice à des choix concernant votre avenir. Vous aurez à la fois de la chance et toute votre tête pour vous diriger vers ce qui vous convient. Dans vos activités, il est possible que vous vous établissiez des liens avec un collègue ou un pair. Vous serez capable également de faire équipe avec des gens que vous connaissez peu. Ralentissez votre rythme ce mois-ci, c'est ainsi que vous vous sentirez mieux. En amour, vous serez à l'écoute de la personne aimée sans pour autant perdre de vue vos propres sentiments. Parler est parfois difficile, mais à long terme c'est très bénéfique. Vous en prendrez conscience au cours des prochains mois. Un voyage pourrait vous trotter sérieusement dans la tête.

Juillet

Lâchez prise, détendez-vous, laissez la vie suivre son cours, ne contrôlez rien et tout ira comme sur des roulettes. En cette période de l'année, il est bon de ralentir et de ne pas s'attaquer à de gros problèmes. Vous serez en excellente forme et si tout ne va pas exactement comme vous l'aimeriez, vous trouverez une façon d'agir qui réglera bien des petits ennuis. La vie dans la nature vous ressourcera, alors surtout dites oui à tout ce qui vous donnera l'occasion de vivre au grand air. Des amis seront présents. Si l'un d'eux agit d'une drôle de façon, plutôt que d'être rancunier, faites-lui part de ce qui vous agace. La vie de famille ne vous posera pas de problèmes particuliers. En cette période, vous dépenserez moins que prévu et vous pourriez donc avoir une bonne petite surprise à la fin du mois.

Août

La lumière du jour vous rendra très chaleureux, tendre, et même d'une sensualité à fleur de peau. N'ignorez plus vos désirs et rapprochez-vous de votre partenaire, vous apprécierez toutes les douceurs. Vous feriez également un voyageur hors pair en ce sens que vous saurez être là où il faut au bon moment. Si vous avez pris la peine de planifier vos vacances, vous ne le regretterez pas. Si vous êtes à l'étranger, vous apprendrez beaucoup sur ce qui se passe ailleurs. Si ce n'est pas pour vous le temps des vacances ou si vous êtes au travail, vous serez sur un mode tranquille et vous irez à petits pas. En ce temps de farniente, la vie vous apparaîtra belle. Vous pourriez vivre une réconciliation ou vous rapprocher d'une personne qui vous agaçait jusqu'à aujourd'hui. Notre perspective change parfois, vous le constaterez. Vos dépenses seront liées à votre apparence.

Septembre

Vous aurez beaucoup de charme durant les prochaines semaines et si vous désirez vous rapprocher de quelqu'un qui vous plaît, ce sera un bon moment pour le faire. Si vous êtes en couple, votre partenaire se fendra en quatre pour vous faire plaisir… Vous aurez une intelligence pratique durant les prochaines semaines et en tout vous vous attarderez à ce qui en vaut la peine. Vous serez également habile avec les mots. Si vous souhaitez depuis un bon moment avoir une conversation avec un patron ou une personne qui fait des activités connexes aux vôtres, n'hésitez pas, car vous serez capable d'exprimer très exactement le fond de votre pensée et d'obtenir des informations précieuses. En famille et à la maison, il y aura beaucoup d'activités et quelques changements se feront. Intérieurement, vous pourriez penser beaucoup à un événement passé. Il y aura des dépenses !

Octobre

En matière d'argent, des gains supplémentaires seront suivis de dépenses inattendues. Vous aurez peut-être avantage à planifier en vue d'une dépense à venir. Dès le début du mois, vous aurez un fort désir de connaître de nouveaux horizons, de relever un nouveau défi. Si l'on vous freine, si la vie ne vous donne pas cette occasion, il faudra y penser encore quelque temps et préciser un projet à long terme. Côté cœur, vous serez intense, peut-être même sous le joug de la jalousie. Ne vous prenez pas trop au sérieux si vous sentez que vous êtes d'humeur à dramatiser. Vous serez intuitif et sensible à tout. Dites votre façon de voir les choses, cela pourrait aider un proche.

Novembre

La famille vous tiendra occupé et vous rendra de bonne humeur durant les prochaines semaines. Vous continuerez d'être attentif à ce que vos proches ressentent et vivent. Côté cœur, vous serez en forme tout en étant capable de voir les situations telles qu'elles sont. Vous traversez une période réaliste et vous sentirez un désir pressant de communiquer. Prenez le temps de discuter de certaines questions, vous verrez plus clair et vous retrouverez tout votre allant et votre confiance. C'est une période idéale pour prendre le temps de vivre et vous adonner aux loisirs que vous aimez ; si votre emploi prend tout votre temps, vous ne serez pas de bonne humeur ! Vous serez en forme si vous dépensez votre énergie physique. Un loisir vous ressourcera.

Décembre

En cette fin d'année, vous serez d'humeur sociable et vous pourrez faire ce que vous avez prévu avec une relative facilité. Tout va dans le sens de la famille et des regroupements amicaux. Même au travail ou dans vos activités, vous serez plus à l'aise si vous devez fonctionner en équipe. En fait, il sera bon pour vous d'évoluer dans le cadre d'un groupe, car c'est là que vous pourrez donner toute votre mesure. Ne restez pas seul, cela ne vous irait pas et pourrait affecter votre humeur. Beaucoup d'impulsivité, de fêtes, de transports spontanés, de capacités de démontrer chaleureusement ce que vous ressentez en cette période. Si vous souhaitez voyager l'an prochain, pensez-y maintenant.

Le Coq

Coq d'Eau : du 26 janvier 1933 au 13 février 1934

Coq de Bois : du 13 février 1945 au 1er février 1946

Coq de Feu : du 31 janvier 1957 au 17 février 1958

Coq de Terre : du 17 février 1969 au 5 février 1970

Coq de Métal : du 5 février 1981 au 24 janvier 1982

Coq d'Eau : du 23 janvier 1993 au 9 février 1994

Coq de Bois : du 9 février 2005 au 28 janvier 2006

Coq de Feu : du 28 janvier 2017 au 15 février 2018

Vous êtes... digne !

De vous émanent la confiance et l'autorité.

On vous dit fiable, honnête et loyal.

Vous aimez être le point de mire.

Votre concentration, votre esprit délié, votre style incisif et résolu sont toujours appréciés.

La personnalité du Coq

Dans le cœur de tout natif du Coq réside un enthousiasme enfantin pour la nouveauté. Tout l'intéresse et l'amuse. Face aux tâches routinières qui peuvent décourager la plupart des gens, il persiste à s'intéresser et continue d'être original. C'est un être authentique et fier, qui cultive une image de soi éblouissante. Si vous avez une critique à lui faire, oubliez ça, vous perdriez votre temps ; il ne vous entendra pas ou il croira que vous dites des folies. À cause de son intérêt pour le paraître, on peut également le croire superficiel, ce qui est une grave erreur. Pourtant, son inhibition profonde l'empêchera peut-être de vous dire ce qu'il ressent.

Loyal et franc, le Coq est avant tout l'ennemi du mensonge. Sa grande franchise s'accompagne souvent d'une attitude si directe qu'on le trouve presque brutal. Il ne craint rien de moins que d'appeler les choses par leur nom. Il est presque impossible de demander à un Coq de ne pas dire ce qu'il pense ou de parler peu : il n'a pratiquement pas besoin de respirer quand il se lance dans une tirade !

Le Coq est incroyablement débrouillard. Même s'il aime la compagnie, quand il fait face à l'adversité, il n'a peur de rien. Il agit. Bien qu'il soit résistant en surface, c'est un être sensible en profondeur et sous des manières quelque peu vaniteuses et désinvoltes, il a un désir profond d'aider ses proches. Il est également un observateur très fin ; il est parfois si attentif aux détails que si vous déplacez quelque chose dans son espace, rien ne va plus et le drame pointe.

Du point de vue professionnel, le Coq peut mener de front plusieurs projets. Son ambition, sa capacité de travail ainsi que sa loyauté en font un partenaire ou un employé toujours très apprécié. On dit qu'aucun patron ne se réjouit de la démission d'un Coq ! Malgré tout, il est très têtu et il considère avoir toujours raison. L'entêtement qui le caractérise offre toutefois un avantage : s'il doit accomplir une tâche, aussi humble soit-elle, il la magnifiera et la mènera à bon port. Il ne prend aucune responsabilité à la légère, mais il travaille mieux à ses heures et à son rythme, et se trouve heureux dans les situations qui n'exigent pas de se conformer à des règles et à des systèmes complexes. Il est la vitalité même !

En matière d'argent, le Coq excelle à tous points de vue. C'est un administrateur hors pair. Discipliné, droit et consciencieux, il en vient souvent à vivre dans l'aisance. Sa prévoyance est notoire.

Dans ses relations intimes, le Coq adore être utile aux autres. Comme ami ou collègue, vous ne souffrirez pas avec lui. Il est généreux, intègre et plein de sollicitude. Il adore la vie en société et les mondanités, ce qui en fait un être agréable à côtoyer. Comme il a un caractère obligeant, c'est un ami loyal ; si vous êtes un de ses proches, il vous protégera toujours. Si vous acceptez qu'il vous domine un peu et vous rappelle régulièrement qu'il avait prévu tout ce qui survient, vous apprécierez cet être lucide qui peut voir à long terme. Dans ses attirances, le Coq est blanc ou noir : il aime ou il déteste carrément ! En famille, il a un côté tyrannique qu'on lui pardonne en raison de sa loyauté. C'est un superviseur et un curieux ; il observera chacun de ses proches et s'empressera de faire part de ses conseils. Il voit au bien-être des gens qui l'entourent et à ce que la discipline soit respectée. En tant que parent, c'est un dominant qui a un sens profond du devoir. Il vit mieux quand il est sûr d'avoir fait tout en son pouvoir pour ses proches.

En amour, il essaie aussi de tout organiser. En fait, cette propension cache parfois une part d'insécurité intérieure, mais son dévouement et son dynamisme font oublier son impulsivité. Dans une situation de vie trop stable, le Coq peut s'ennuyer. Madame Coq aime parader, plaire ou entendre un compliment sur sa tenue ; elle prise la compagnie. Monsieur Coq aime amuser les autres en partageant avec eux ses idées aventureuses et prend plaisir à taquiner. Tous les natifs du Coq, hommes et femmes, se plaisent infiniment dans les discussions et les débats. Le Coq est-il utopiste, rêveur, introverti sous des dehors d'extraverti ? Nul ne le sait vraiment, mais c'est dans l'ordre du possible !

Ses rôles

- L'enfant est responsable, il souhaite contenter ses parents.
- Le parent est un bon pourvoyeur. Il veille à ce que les siens ne manquent de rien.
- L'amoureux est très dévoué, mais il n'est pas toujours très perspicace.
- L'ami ou le collègue est plein de sollicitude et généreux.
- En affaires, le Coq vérifie tout. Il accepte mal qu'on le contredise.
- Le patron abuse parfois de son autorité, mais il met toujours la main à la pâte.
- L'enseignant est exigeant et objectif.
- L'ennemi ne négocie pas, il faut donc faire appel à un tiers.

Ce qu'il représente

Son nom en chinois, *Uou*, symbolise la minutie et le perfectionnisme. En Chine, le Coq est associé au soleil. Pour les Chinois, le soleil était le royaume d'un Coq de Feu. Le chant du Coq souligne le lever, le zénith et le coucher du soleil ; il annonce donc l'avènement, l'apogée et la chute de la lumière en ce monde. Il possède également les qualités d'une poule. La légende veut qu'il ponde des œufs d'or, desquels naissent des poussins qui se distinguent des autres coqs.

Les éléments

Le Coq de Métal est ambitieux, courageux et tenace ; il atteint ses objectifs. L'élément Métal rend ce Coq plus que travailleur et un brin exigeant.

Le Coq d'Eau est intelligent, cultivé et perfectionniste. L'élément Eau, qui est en relation avec la sensibilité et les émotions, confère au natif une grande réceptivité, de l'imagination et le besoin d'harmonie. Ce Coq peut inspirer les masses.

Le Coq de Bois est énergique, enthousiaste et tolérant. L'élément Bois favorise l'expansion et l'épanouissement, le bonheur et la générosité. Le natif se caractérise par sa prévenance et sa prévoyance.

Le Coq de Feu est individualiste, dynamique et autoritaire. L'élément Feu lui confère chaleur, générosité, honnêteté et joie de vivre, mais il peut aussi le rendre trop autoritaire.

Le Coq de Terre est méthodique, organisé et prudent. L'élément Terre renforce son sens de la réalité et son esprit pratique. Le natif est travailleur et prudent.

Harmonies et conflits

++ Le Coq s'entend bien avec le Buffle et le Serpent. Tous trois introspectifs, secrets et stoïques, ils savent triompher de leurs concurrents. Le Coq et le Buffle ont beaucoup de points communs, mais le côté austère du Buffle rebute quelque peu le Coq. Avec le Serpent, l'union est conseillée, elle saura durer.

\+ Le Coq et le Dragon ont également une bonne entente. Ils sont tous deux très occupés et leur union est stable.

– Le Coq ne s'entend pas avec son semblable : ils sont tous deux trop autoritaires. La relation avec le Lièvre est également boiteuse. Ils sont incompatibles.

Prévisions pour le Coq

Le secret du changement consiste à concentrer son énergie pour créer du nouveau, et non pas pour se battre contre l'ancien.

Dan Millman

Du 3 février 2011 au 22 janvier 2012

Ce sera une année joyeusement active en ce qui touche vos relations avec les gens. Tant dans l'intimité qu'au travail ou dans vos activités, vous rencontrerez beaucoup de monde, et surtout vous vous intéresserez beaucoup plus à ce que les autres ont à dire et à partager. Par ailleurs, le fait d'être parfois confronté à la volonté de certaines personnes qui n'ont pas les mêmes objectifs que vous sera l'occasion de bâtir vos relations sur un terrain plus solide.

Vous serez également mieux dans votre peau (ce qui devrait avoir commencé l'an dernier) que dans les dernières années, plus fier de vous, plus en accord avec l'image que vous projetez, plus serein. Vous sortirez d'une certaine inertie et vous réussirez bien, car les gens que vous côtoyez auront tendance à vous ouvrir la porte et à vous faciliter la vie. Quelles que soient vos ambitions, allez de l'avant et sachez que vous pourrez compter sur l'apport positif de votre entourage.

Si vous sentez qu'il est temps de régler pour de bon certaines questions, ou même de faire le point quant à certaines relations, vous le ferez car vous ne craindrez plus un futur sombre. C'est une période faste pour être vous-même et faire vos preuves sur le plan social.

À la fin de l'année, vous saurez mieux comment être en paix avec les autres, leurs opinions, leurs désirs, tout en ne faisant plus de compromis sur vos valeurs profondes. Vous pourriez vous engager officiellement, signer des contrats durables, faire des ententes à long terme. Votre vie sociale sera très probablement active et vous en tirerez du plaisir. Si vous faites face à des obstacles, à des mésententes qui semblent insolubles, prenez un peu de recul et faites confiance à votre capacité de tirer votre épingle du jeu en négociant.

Soyez magnanime et généreux, tout en faisant valoir vos points de vue et en vous affirmant sans fausse modestie; vous verrez que les autres seront prêts à beaucoup pour vous satisfaire. Une année d'intérêt marqué pour votre entourage, une année qui pourrait se révéler passionnante.

Vos amours

Côté cœur, vous serez ouvert à tous les bons moments que la vie vous offrira, et la plupart d'entre vous mettront au premier plan la réussite de vos relations affectives et sentimentales. Vous aurez une énergie forte et positive, ce qui vous sera très utile dans vos rapports au quotidien.

Si vous êtes célibataire, c'est l'année idéale pour vous engager à long terme, pour resserrer les liens avec une personne que vous aimez, ou alors pour faire une rencontre signifiante. Vous êtes à la fois chanceux et attentif; votre générosité sera appréciée et votre ouverture de cœur vous permettra d'écouter vraiment ce que les autres pensent et ressentent. En fait, ce qui vous semblait compliqué il y a quelques mois se simplifiera comme par enchantement. Votre attitude avenante et votre bonne humeur rendront toute rencontre plus facile et plaisante. Il semble par ailleurs que vous ne serez pas volage. Actif oui, mais pas volage. Vous aurez envie d'aller plus loin et à fond dans une relation intime, et vous ne serez pas tenté de papillonner. La seule chose qui pourrait vous nuire, c'est que votre charme opère sur trop de personnes, ce qui vous rendrait le choix difficile. Si vous êtes célibataire et que vous comptez le rester, vos liens personnels et intimes prendront tout de même beaucoup d'espace dans votre vie ; cela vous mettra de bonne humeur.

Être heureux en amour, c'est avoir dépassé l'inquiétude de l'amour.

Maurice Maeterlinck

Si vous êtes en couple, vous pourriez renouveler vos vœux en faisant, par exemple, un voyage à deux ou en prenant de longues vacances ensemble, ou simplement en retrouvant les plaisirs de vos débuts. Il pourrait même arriver que vous ressentiez un attachement plus fort pour votre partenaire : vous aurez une vision nouvelle de votre couple et il est plus que possible que cette vision soit positive, chaleureuse et heureuse. Si vous ressentez la nécessité de partir sur des bases autres, en prenant le temps de bien réfléchir et de parler sincèrement de ce que vous ressentez, on vous entendra si vous êtes précis et calme. Privilégiez, dans tous les cas, la vie à deux, car vous y trouverez un grand plaisir. Vous n'aurez pas de grands besoins d'affirmation et vous aurez l'esprit grégaire. Pas de grandes vagues à l'horizon, une énergie très positive viendra vous accompagner tout au long de l'année.

Cœur attention !

C'est bien de penser aux autres, mais il ne faut pas s'oublier soi-même. Il vaudrait mieux aussi répondre à vos vrais désirs, non pas à ce que vous croyez être bien.

Cœur atout !

Votre propension à tenir compte des autres et à prendre soin de l'être aimé enrichira votre relation.

Vos activités

C'est par une créativité forte et axée sur la réalité que vous vous distinguerez dans les prochains mois. Souhaitez-vous réaliser un projet précis? Si oui, vous serez en mesure d'agir au cours des prochains mois. Mettez-vous à la tâche dès maintenant et vous avancerez à pas de géant. L'étape qui vient sera intéressante du point de vue de votre capacité de collaborer avec vos collègues; si vous travaillez en équipe, tout ira bien, car vous aurez la capacité de tenir compte des autres tout en ne vous oubliant pas.

Même si vous êtes naturellement assez individualiste, cette année vous vous révélerez grégaire et tout à fait apte à travailler de concert avec les autres. Même si vous n'êtes pas au travail, toutes les collaborations ou les participations à des activités de groupe se feront aisément si vous êtes de la partie. Autrement dit, vous serez un élément rassembleur dans tout groupe ou équipe dont vous ferez partie.

N'hésitez pas à vous associer à certaines personnes avec qui vous avez des points en commun. L'année 2011 sera toute désignée pour fonder une entreprise, collaborer à une association, vous impliquer dans un groupe.

Continuez tout de même de conserver des moments de solitude, car ils seront nécessaires à votre équilibre psychologique. Bien que naturellement sociable et enclin à évoluer dans un milieu ouvert, vous serez mal dans votre peau si vous ne prenez pas régulièrement du temps pour vous.

À côté de vos occupations régulières, il est peut-être temps de développer un passe-temps qui pourrait se révéler lucratif. Du point de vue du travail et de vos activités, agissez de concert avec les autres, gardez-vous quelques plages de solitude, pensez qu'une nouvelle activité pourrait se révéler payante et n'hésitez plus à aller de l'avant dans un projet qui vous tient à cœur. Vous obtiendrez l'assistance nécessaire pour tout projet à long terme.

Les patrons, les collègues et les associations

L'autorité, ça n'a jamais été votre tasse de thé, mais vous serez tout de même en mesure de vous entendre relativement bien avec vos patrons durant les prochains mois, car vous fixerez davantage vos intérêts sur vos activités comme telles. Si vous êtes vous-même patron, vous aurez tendance à prendre les gens pour vos égaux et à agir en collégialité.

À la fois individualiste et grégaire, vous serez peut-être appelé à collaborer de manière assez étroite avec certains collègues. Associez-vous aux gens avec qui vous partagez des idées, mais sachez que votre seuil de tolérance sera très élevé cette année. En fait, vous n'aurez pas tendance à être exigeant, vous serez même indulgent, ce qui vous servira à long terme.

Comme vous le savez déjà, 2011 est un excellent cru du côté des associations. Sachez tout de même choisir les gens auxquels vous vous joindrez s'il s'agit d'une nouvelle association.

Vous serez attentif à ceux que vous servez cette année si vos occupations sont axées sur le service : vous saurez percevoir chaque être selon sa propre personnalité et ses besoins personnels.

Une ou deux clés dans vos activités

- C'est par les collaborations que vous avancerez et que vous vous amuserez. Joindre l'utile à l'agréable n'aura jamais été aussi facile.
- Terminez un projet avant d'en commencer un autre.

L'argent et les biens

Vous aurez un assez bon sens des biens et de l'argent, comme c'est d'ailleurs probablement le cas depuis quelques années. Durant les prochains mois, vous vous intéresserez de près à des questions d'argent, mais ce sera surtout pour savoir le dépenser ! Vous n'aurez pas d'inquiétudes et votre situation se présente comme propice à de bonnes surprises. Il est possible que vous vous souciiez quelque peu de vos proches, et ce serait une bonne idée de les aider à se bâtir un avenir meilleur du point de vue matériel.

Si vous êtes dans une situation confortable, vous continuerez dans cette voie ; autrement, pensez à une manière originale de gagner un peu plus d'argent. Votre sens de la débrouillardise sera bon et vous verrez rapidement comment tirer votre épingle du jeu dans toute situation impliquant des négociations.

Actif de nature, vous aurez plusieurs idées intelligentes sur les façons de faire fructifier votre argent. Faites-le tout en restant en accord avec vos valeurs profondes. Soyez attentif à ce qu'on ne profite pas de vous, et continuez de vous fier à des gens de confiance qui sauront vous guider judicieusement en ce qui concerne vos avoirs. Cela dit, gardez la confiance en vous qui vous caractérise, car vous êtes parfaitement capable de voir quels sont vos véritables besoins. Vous pourriez d'ailleurs investir dans un secteur nouveau. Si vous êtes d'un naturel terre à terre, votre situation promet d'être bonne ; sinon, ne prenez pas de décisions trop rapides sans avoir entendu les suggestions de gens fiables. Gardez toutefois pour vous certaines décisions.

Une ou deux astuces pour augmenter votre pécule

Avant de vous lancer dans de folles dépenses, prenez le temps de réfléchir.

La forme, la santé, les loisirs

Vous serez capable d'une grande attention aux autres cette année, et vous sentirez que vous devenez moins solitaire que vous ne l'avez déjà été. Même si vous êtes marié ou vivez en couple, même si vous êtes toujours en compagnie de plusieurs personnes, intérieurement vous avez un côté loup solitaire qu'il ne faudra pas ignorer. Il sera important de vous garder du temps pour ne rien faire et pour penser à vos propres besoins. Par exemple, si vous avez de jeunes enfants, vous pourriez peut-être demander à votre entourage de vous libérer une fois de temps en temps. Vous cultiverez une bonne forme mentale et physique en prenant du temps pour vous. Changer de style vestimentaire, de coiffure, d'allure pourrait vous donner un second souffle. Si vous n'êtes plus tout à fait jeune, vous voudrez peut-être recourir à l'esthétique un peu plus souvent que vous en avez l'habitude. L'habit ne fait peut-être pas le moine, mais il l'influence un peu et surtout il donne aux autres une impression durable.

Pour être en santé, faites des activités physiques à deux ou en équipe. Tout sport ou toute activité artistique vous plaira. Prenez soin de votre corps, vous ne le regretterez pas. Mais ne vous croyez pas obligé de suivre toutes les modes, car vous vous sentiriez vite essoufflé par tout ce que cela exige.

Durant les mois qui viennent, vous serez à l'aise et de bonne humeur en compagnie des autres, mais aussi quand vous serez livré à vous-même. Vous verrez la vie d'un œil neuf et vous vous émerveillerez facilement. Vous serez à la fois capable de collaboration, attiré par les défis et tenté par une saine compétition.

Côté loisirs, vous serez sur un mode créatif cette année ; trouvez, si ce n'est pas déjà fait, une nouvelle activité qui vous permettra d'exprimer votre facette artistique. On dit parfois que les gens sont ou ne sont pas créatifs ; c'est une erreur. Si vous retrouvez votre cœur d'enfant, vous verrez que vous avez tout ce qu'il faut pour vous exprimer artistiquement. Il ne s'agit que de vous donner la liberté intérieure pour réaliser ce qui vous est propre.

L'amitié

Vous serez proche de vos amis durant les mois qui viennent et vous pourriez même vous en faire de nouveaux tant vous aurez le cœur ouvert. C'est une année merveilleuse pour vos amitiés, car vous serez porté par une grande générosité doublée d'une capacité de détachement. Si vous sentez que vous n'avez plus d'atomes crochus avec certaines personnes, n'en faites pas un plat et éloignez-vous ; il y a des gens qui restent dans nos vies, d'autres qui partent, cela n'est que naturel.

La famille

Pour ce qui est de la famille, étant particulièrement attentif aux autres en cette période, vous recevrez pas mal de confidences et vous pourriez agir comme arbitre dans un conflit familial. Si vous êtes jeune parent, vous serez heureux de votre rôle, même si à l'occasion vous vous sentez fatigué. Si votre partenaire de vie n'est pas dans le même état d'esprit que vous, vous trouverez un moyen « diplomatique » de l'impliquer davantage. Surtout, organisez des activités avec vos proches, prenez les devants, faites des propositions, ce sera la meilleure façon de vivre d'heureux rapprochements. Vous aurez du plaisir à donner de votre temps et à prendre soin de ceux que vous aimez.

Ce qu'on aimera de vous cette année

On aimera votre attention et votre capacité de vous engager sincèrement dans vos activités et dans vos relations. On appréciera aussi votre joie de vivre retrouvée, cette nouvelle énergie plus ouverte que vous libérerez.

Votre défi

Cultivez la souplesse dans vos relations et vous verrez que tout deviendra simple.

L'année selon votre élément

Si vous êtes né Coq de Métal

Vous aurez un sentiment de liberté en même temps que la chance d'avoir du soutien de vos proches durant les prochains mois. Vous agirez avec sérieux, vous aurez le sens des responsabilités, mais vous ne perdrez pas de vue pour autant qu'il est avantageux que la vie fasse également une bonne place aux joies et aux plaisirs. Vous pourriez faire une rencontre ; si c'est le cas, vous ne craindrez pas d'aller de l'avant. Si vous êtes déjà stable, vous vous engagerez plus à fond. Une année faste aussi du côté des biens et des avoirs vous est acquise. Il y aura pas mal d'activités, ce qui vous laissera parfois fatigué.

Si vous êtes né Coq de Feu

C'est une bonne année pour retrouver votre énergie et pour vous renouveler tant dans vos activités que dans votre intimité. Vous aurez la chance de vivre en bonne entente avec les gens qui vous entourent, en particulier vos proches. Toutes les collaborations à deux seront favorisées. Gardez simplement en tête de rester souple et de ne pas trop en attendre des autres, car ils agissent en réalité du mieux qu'ils le peuvent. S'il est temps de tourner la page dans une collaboration, vous le ferez en vous alliant à quelqu'un d'autre. Par ailleurs, vous serez en bonne forme physique, ce qui influencera votre humeur dans le bon sens. De belles chances se dessinent.

Si vous êtes né Coq d'Eau

C'est une année d'indépendance qui se dessine pour vous, mais en même temps vous aimerez beaucoup voir du monde et sortir un peu plus. L'autorité vous rebutera et vous sentirez le besoin pressant de vous exprimer. Bon moment pour entreprendre un projet. Des questions de santé pourraient retenir votre attention ; si c'est le cas, reposez-vous simplement un peu plus. De longues heures de sommeil vous feront du bien. Il y aura de l'émotion dans l'air.

Si vous êtes né Coq de Terre

Réaliste de nature, vous constaterez que, moyennant une activité bien ciblée, vous atteignez facilement vos objectifs. C'est une période faste pour établir des liens durables, pour vous engager, pour vous lancer dans une aventure (ou un contrat) de longue haleine. Vous saurez bien ce que vous appréciez des autres cette année et vous n'hésiterez pas à faire savoir votre point de vue. Vos relations intimes et professionnelles s'équilibreront tout à fait agréablement. Si des changements se dessinent, vous aurez une bonne méthode et le sens de l'organisation, ce qui vous aidera à agir dans le bon sens.

Si vous êtes né Coq de Bois

Vous vivrez une année intéressante du point de vue de vos liens sociaux, en particulier amicaux. Vous aimerez beaucoup la compagnie des gens et vous pourriez vous intéresser à un nouveau domaine d'activité. C'est une bonne année pour les loisirs. Prenez le temps de vous amuser et de ne rien faire une fois de temps en temps. N'en demandez pas trop à la vie, la perfection n'est pas de ce monde. Vous ferez des rencontres nombreuses et vous serez bien dans votre peau. Il faut parfois se blinder un peu pour ne pas subir les humeurs des autres, vous saurez agir en ce sens.

Au fil des mois

Janvier

Vous vivrez vos sentiments amoureux ou amicaux sereinement en cette période. S'il vous semble parfois que la vie ne va pas comme vous le souhaitez profondément, restez calme et concentrez-vous sur ce que vous désirez vivre et accomplir à long terme. En cette saison, faites du sport, des exercices physiques, ou même un petit régime alimentaire : cultivez votre forme physique. Dans un autre ordre d'idée, vous pourriez être passablement occupé et établir des contacts avec plusieurs personnes que vous connaissez peu. Tout ce qui vous rapproche des gens vous rendra de bonne humeur. Parent ? Vous vivrez de bons moments avec vos enfants, même s'ils sont déjà adultes. Et si un des vôtres éprouve quelques ennuis, vous saurez quoi faire pour lui donner un coup de main. Votre sens pratique sera bon jusqu'à la fin du mois de février.

Février

Soyez attentif non seulement à ce que vous exprimez, mais également à la façon dont vous le faites. Vous aurez la capacité d'exprimer vos idées, surtout celles qui sont originales et étonnantes, mais vous aurez aussi une manière un peu déroutante de le faire. N'hésitez pas à vous taire un ou deux jours de manière à préparer le terrain. Des histoires de famille pourraient vous tenir occupé : un proche vous surprendra par des nouvelles inattendues. Les relations familiales seront somme toute sous le signe de la compréhension et des intérêts partagés. S'il est question de biens fonciers, d'achat ou de vente d'une maison, ce sera le moment d'agir. Côté cœur, n'attendez pas trop de cette période, il arrive que nos piles soient à plat !

Mars

Vous vous adapterez à toute situation grâce à votre intelligence ce mois-ci. D'un obstacle vous ferez un défi. Ayez confiance en vous-même, en votre capacité d'analyse, vous ne le regretterez pas. Faites des plans pour les mois à venir : vous verrez plus clair sur ce qui est réalisable. Côté cœur, des rapprochements tendres pourraient survenir au moment où vous ne vous y attendrez plus. En famille, si vous comprenez mal un proche, parlez plutôt que de vous enfermer dans le silence. Une conversation simplifierait beaucoup les choses. Vous pourriez faire des aménagements à la maison. Voyez des amis. Ne prenez pas la vie trop au sérieux.

Avril

Vous appliquerez votre intelligence à la vie pratique et à l'organisation de votre environnement. À la maison, vous aurez peut-être avantage à modifier le décor de manière à vous sentir mieux et à aménager de nouveaux espaces de détente. De légers changements suffiront à vous redonner votre bonne humeur. Dans vos échanges avec les gens, vous dégagerez une énergie positive et aurez une plus grande sensibilité envers eux. Cela dit, vous vous rapprocherez de certaines personnes tandis que vous vous éloignerez d'autres. Les temps changent, vous le réaliserez. Il serait idéal de travailler en collaboration avec des personnes avec qui vous vous entendez bien. Dans l'intimité, vous serez un brin secret, mais on vous comprendra.

Mai

La chance s'installe pour un temps du côté de vos finances. Si vous êtes à l'aise, vous ferez tout de même des gains ; moins riche, vous sentirez que la chance vous accompagne. Dans vos activités, vos efforts et votre détermination seront récompensés. Vous bénéficierez de ce à quoi vous avez droit. Si ce n'est pas le cas, il est peut-être temps de prendre certaines décisions quant à votre futur. En amour, par de simples gestes vous mettrez du piquant dans votre vie commune. Célibataire ? Vous pourriez faire une rencontre ou croiser de nouveau le chemin d'une personne pour qui vous avez une attirance. Vous serez en forme et vous pourrez prendre de justes décisions dans les semaines qui viennent. Ayez confiance, vous ferez les bons choix.

Juin

Restez en compagnie de proches, d'amis ou de collègues, sinon la solitude vous pèserait. Célibataire ou non, vous souhaiterez vous fondre dans l'être aimé en cette période estivale, et vous serez tendre, charmant et charmé. C'est une saison riche pour vos amours, ne passez pas à côté des bons moments ! Si vous avez le sentiment de ne pas être heureux de ce côté-là, peut-être pourriez-vous modifier un peu votre façon de penser qui pourrait être devenue défaitiste. Les voyageurs parmi vous seront curieux et pleins de ressources. C'est une bonne année pour les voyages. Si vous vivez simplement votre routine habituelle, vous aurez des idées nouvelles sur tout et le goût de changer toutes sortes de choses dans votre vie ; la bonne nouvelle est que vous en aurez l'énergie dans les prochains mois. Voici une saison haute en couleur.

Juillet

La vie de famille, l'intimité, votre habitation vous tiendront occupé ce mois-ci. Si vous ne travaillez pas à l'extérieur de la maison, ce sera plus facile. Si, au contraire, vous êtes occupé à l'extérieur, vous serez obligé d'organiser votre emploi du temps de façon plus rationnelle. Avec les proches, vous pourriez agir de manière un peu impulsive. Essayez de garder votre calme et surtout de passer du temps avec les gens que vous connaissez bien.

Si vous êtes parent, profitez pleinement de la saison pour vivre des rapprochements. Dans tous les cas, les amis et la fratrie seront présents, ce qui vous donnera souvent le sourire. Côté cœur, la vie ira tranquillement.

Août

En matière de finances personnelles, vous pourriez avoir tendance à vous inquiéter pour rien ou à ne pas vous en faire alors qu'il vaudrait mieux serrer les cordons de votre bourse. Vous ne serez pas tout à fait réaliste à ce sujet dans les prochaines semaines; ainsi, n'achetez pas d'objets inutiles. Du côté des amitiés, vous serez en demande et vous aurez du plaisir à passer du temps avec des gens sympathiques. Côté cœur, la vie sera bonne avec votre partenaire, il n'y aura ni ennui ni conflit. Intérieurement, vous souhaitez peut-être vivre des changements dans une sphère de votre vie. Prenez le temps de réfléchir, de peser le pour et le contre d'un changement, mais ne vous pressez pas de faire un choix. Laissez-vous inspirer par la saison. Changez-vous les idées en vous amusant.

Septembre

Période faste du côté des associations. Vous aurez à cœur de vous entendre avec tout le monde et vous réussirez, mais vous vous rendrez compte que les gens ont beaucoup d'attentes et que le temps vous manque un peu. Prenez les choses calmement et dites-vous que vous y arriverez en ne vous énervant pas. La saison est ainsi faite que nous sommes tous plus ou moins pressés par le temps. Sachez aussi que vous serez très habile manuellement ce mois-ci et que toute activité manuelle vous reposerait: ça, c'est pour les week-ends. Toutes vos associations sont sous de bons augures, et si vous vivez un conflit non réglé avec quelqu'un, ce sera un bon moment pour tenter un rapprochement.

Octobre

Plutôt sérieux et discipliné, vous devriez être en mesure de tirer votre épingle du jeu, même si pour cela des efforts supplémentaires sont requis. Vous serez travaillant en cette période, et le plus difficile pourrait être de savoir vous arrêter. Attention à la fatigue nerveuse, il est difficile de s'en délivrer. Prenez au moins une journée par semaine pour vous à en faire le moins possible, à être auprès des gens que vous aimez ou à vous détendre simplement. Vous aurez peut-être tendance à avoir une attitude insouciante en ce qui concerne les questions matérielles, surtout si vous n'êtes pas vraiment à l'aise. Essayez de privilégier les choix traditionnels pour un temps et de ne pas vous lancer à l'aveuglette dans des dépenses qui sont au-dessus de vos moyens. Votre sens des communications étant particulièrement aiguisé et efficace, vous parlerez franchement tout en usant de délicatesse.

Novembre

S'il vous arrive de ne pas être tout à fait rationnel ou logique durant les prochaines semaines, ne vous en inquiétez pas et gardez simplement assez de temps pour vous détendre devant de bons films ou en écoutant de la musique. Vous aimerez peut-être mieux travailler seul, ou du moins vous réserver des moments de tranquillité. En fait, il serait bon de faire place à vos besoins de solitude. Cela dit, cultivez l'équilibre dans votre vie et vous serez rapidement gagnant sur tous les tableaux. Pour votre santé, une petite cure ne pourrait pas vous faire de tort, mais n'oubliez pas la marche ou les exercices. Vos amours seront sans histoire. La vie vous semblera parfois un peu ennuyeuse, mais ça ne peut pas être la fête tous les jours.

Décembre

Il vaudra mieux vous méfier d'une tentation de fausser la réalité pour la faire correspondre à vos désirs. Cette fin d'année se présente sous de bons augures. Gardez-vous d'agir avec précipitation, prenez le temps de réfléchir avant de parler ou d'aller de l'avant, et tout ira comme vous le souhaitez. Un ami ou un collègue pourrait vous donner du fil à retordre. Si vous sentez qu'un lien de confiance se défait, retirez vos billes du jeu et éloignez-vous tranquillement. Si, par ailleurs, vous pouvez donner un coup de main à un proche, faites-le sans hésiter. Ce sera pour vous une fin d'année passablement occupée : vous aurez du plaisir à recevoir et à vous occuper de tout le monde. On se sentira bien en votre compagnie.

Le Chien

Chien de Bois : du 14 février 1934 au 3 février 1935

Chien de Feu : du 2 février 1946 au 21 janvier 1947

Chien de Terre : du 18 février 1958 au 7 février 1959

Chien de Métal : du 6 février 1970 au 26 janvier 1971

Chien d'Eau : du 25 janvier 1982 au 12 février 1983

Chien de Bois : du 10 février 1994 au 30 janvier 1995

Chien de Feu : du 29 janvier 2006 au 17 février 2007

Chien de Terre : du 16 février 2018 au 4 février 2019

Vous êtes… loyal, endurant et un brin inquiet.

En un clin d'œil, vous vous formez une impression générale sur les gens.

Votre esprit critique est toujours en éveil, mais une fois que vous avez donné votre confiance, c'est pour la vie.

La personnalité du Chien

Le Chien est avant tout fidèle, affectueux et conservateur. Comme c'est un partisan des relations à long terme, il n'aime pas beaucoup les surprises : elles l'énervent plus qu'autre chose ! D'un abord aimable, poli et même docile, il développe pourtant sa confiance avec le temps, mais considère toujours les inconnus comme des ennemis potentiels. Tout ce qui ne relève pas de l'habituel peut susciter sa nervosité, donc sa suspicion. Toutefois, quand il adopte quelqu'un, c'est pour longtemps ; vous ne perdrez pas un tel ami !

Le natif du Chien est vigilant. Il observe. Il donne l'impression d'être le gardien du monde. Il est généreux : si vous lui demandez un service, il vous le rendra avec plaisir. S'il sent que vous êtes dans le besoin, il s'empressera de vous réconforter. En fait, il aime être utile, et il cherche toujours une faille, un défaut, pour des fins de réparation. Il possède un grand sens de la justice et il fera tout en son pouvoir pour la préserver ou pour défendre ceux qui en sont privés. Il peut monter au front pour les idées qu'il croit justes. Il est aussi très sensible aux atmosphères : on est froid à son égard, il deviendra froid à son tour. Sa température émotive est un bon baromètre de l'environnement. On pourrait le croire fragile ou maussade, c'est simplement qu'il est sensible à l'ambiance.

Dans son travail, le natif du Chien ne se contente pas de résultats moyens. Il veut exceller. Appliqué, capable de remettre son ouvrage cent fois sur le métier, acceptant les critiques si elles sont constructives, il réussit généralement très bien dans quelque domaine qu'il choisisse. Intérieurement, il n'est pourtant pas très sûr de lui. Il pourrait aimer la célébrité, mais le trac se révèle souvent trop puissant. De plus, le Chien n'est pas à proprement parler un innovateur. Il observera ce qui se passe, il attendra qu'un nouveau système ait fait ses preuves, puis il emboîtera le pas. Ce n'est pas un solitaire, c'est un grégaire. Lorsqu'il trouve sa voie ou les gens qui ont besoin de lui, il révèle son enthousiasme et sa joie de vivre. C'est donc un très bon coéquipier. Il est également fier : la présentation compte, l'apparence a de l'importance. Sans en devenir obsédé, il désire que ce qu'il propose soit toujours d'une très grande qualité. Il se préoccupe de ce qu'on pense de lui ; on dit même qu'il peut se le demander plusieurs fois par jour. Sa vie sociale et sa carrière sont planifiées. Il aime tout prévoir. C'est un méticuleux et, comme tous les gens très minutieux, il lui arrive de se perdre dans les détails.

Le natif du Chien possède un côté pessimiste : il est toujours conscient des luttes qui se trament, ce qui l'amène parfois à voir la vie en noir. Son aptitude à l'analyse fait qu'on le perçoit parfois comme un cynique. Il est vrai qu'il ne manque pas de mordant ni de lucidité. Il peut également être un peu précieux ; il s'offensera d'un détail, fera facilement du zèle, fera des remarques qu'il pourrait simplement taire. Mais sous des dehors parfois cinglants, le Chien est un sensible. Il se cachera pour panser ses blessures s'il a mal.

En matière d'argent et de biens, le Chien n'est pas un dépensier ni un gaspilleur, mais ça ne fait pas de lui un économe. Il a des goûts généralement simples, il dépensera assez peu pour lui-même et davantage pour ceux qu'il aime. Pourtant, sans que la question des biens matériels soit de première importance, il tire généralement bien son épingle du jeu, étant plutôt équilibré dans ce secteur.

Avec les gens en qui il a confiance, le Chien est enjoué. Il adore s'amuser, retrouver des amis, fêter et faire le fanfaron. Il a besoin de savoir qu'il compte pour beaucoup dans la vie de ses proches. Il ne prise pas la solitude, mais il a un côté casanier : pour se sentir à l'aise ou pour se protéger, il s'entoure de ses proches ou se cache dans sa niche. Lorsqu'il devient responsable de quelqu'un, il n'accepte aucune invasion de son territoire. Il est le meilleur protecteur que l'on puisse avoir.

En amour, le Chien choisit un partenaire selon son apparence, ses manières et son style de vie. La femme du signe du Chien est ambitieuse. Un partenaire qui ne lui convient pas lui sapera toute son énergie. Elle a avantage à s'entourer de gens qui la respectent et l'aiment, et à vivre dans un environnement plaisant pour devenir ce qu'elle est profondément. L'homme du signe du Chien est très méfiant de nature, mais il fera n'importe quoi pour quelqu'un qu'il aime. C'est un excellent partenaire, une fois qu'on a gagné sa confiance. Si vous aimez un natif du Chien, n'oubliez jamais qu'il est sensible aux paroles encourageantes. Sans soutien, il pourrait se croire fait pour rester dans l'ombre.

Ses rôles

- L'enfant est enthousiaste et ludique.
- Le parent prend son rôle au sérieux. Il est ouvert d'esprit et pratique.
- L'amoureux s'engage lentement. Il place ensuite l'être aimé sur un piédestal.
- L'ami ou le collègue est affable. Il s'entend avec beaucoup de monde.
- En affaires, il est digne de confiance.
- Le patron est juste.
- L'enseignant est avisé et de bon conseil.
- L'ennemi ne cherche pas la bisbille.

Ce qu'il représente

Dans les mythes chinois, le Chien céleste est un chasseur de démons. On dit qu'il a un sixième sens qui lui permet de percevoir les démons et de les chasser avant qu'ils nuisent aux hommes. Son aboiement est également associé au grondement du tonnerre. Il peut donc annoncer (ou prévoir) une période troublée.

Les éléments

Le Chien de Métal est audacieux, ambitieux et discipliné. L'élément Métal peut lui donner un caractère dur. Le Chien de Métal a de fortes convictions, mais il peut être très critique.

Le Chien d'Eau est intuitif, réceptif et compréhensif. L'élément Eau, en relation avec la sensibilité et les émotions, lui confère une grande réceptivité et la capacité de faire des concessions.

Le Chien de Bois est sociable, équilibré, raffiné et fidèle. L'élément Bois favorise chez lui l'expansion et l'épanouissement, le bonheur et la générosité. Le natif se caractérise par sa générosité.

Le Chien de Feu est idéaliste, honnête et enthousiaste, et il a de la chance. L'élément Feu le pousse à s'extérioriser. Il confère chaleur, générosité et joie de vivre au natif. Il peut rendre ce Chien moins fidèle à ses principes que les autres.

Le Chien de Terre est pragmatique, prudent et bon conseiller. L'élément Terre renforce son sens de la réalité et son esprit pratique. Les qualités du Chien renforcées par l'élément Terre : honnêteté et constance.

Harmonies et conflits

++ Le Chien, le Tigre et le Cheval s'entendent très bien. Ils sont tous trois protecteurs et prônent la justice. Ils ont une nature altruiste. Le Chien et le Tigre forment un couple heureux. Le Chien et le Cheval trouvent l'équilibre, leurs défauts étant complémentaires.

\+ Le Chien s'entend avec le Singe, car ils se stimulent l'un l'autre. Il est également à l'aise avec le Lièvre. Le Serpent et le Chien s'entendent en amitié. Le Chien et le Rat s'admirent mutuellement.

– Le Chien et le Dragon sont trop différents et trop méfiants pour être heureux ensemble, à moins d'avoir des ascendants qui s'entendent.

Prévisions pour le Chien

La santé se mesure à l'amour
du matin et du printemps.

Henry David Thoreau

Du 3 février 2011 au 22 janvier 2012

Voici une année de découvertes, d'apprentissages et de changements de toutes sortes. Votre sens de l'adaptation sera requis plus d'une fois, mais vous verrez votre situation s'améliorer sous plusieurs aspects de votre vie, en particulier en ce qui touche votre travail et vos activités. Vous serez en effet particulièrement actif durant les prochains mois et vos activités pourraient vous tenir occupé. Très consciencieux, vous aurez également une bonne concentration, ce qui vous donnera l'occasion de faire des pas importants là où vous choisirez d'agir.

Curieux de tout, vous serez attiré par ce que vous connaissez peu. Vous voudrez connaître de nouveaux horizons et vous informer sur le fonctionnement du monde. Vous serez aussi habile manuellement.

Vous vous rendrez compte que vous avez plus de talents et de connaissances que vous ne l'aviez cru, et vous n'aurez pas tendance à faire preuve de fausse modestie. Vous vous découvrirez le courage de relever de nouveaux défis.

Vos alliances pourraient changer au cours des prochains mois : vous serez attiré par des gens curieux, travaillants et qui ont des connaissances. Vous délaisserez les fêtards et les gens trop paresseux ou cyniques. Dans vos rapports intimes, le fait de sentir que vous avez les mêmes valeurs que vos proches facilitera tout, tandis que le contraire vous refroidirait. Il y aura donc des rapprochements avec certaines personnes, et des éloignements avec d'autres.

Tout ce qui touche la culture et la philosophie suscitera votre curiosité et votre intérêt. Prenez le temps, dès le début de l'année, de réfléchir à un nouvel apprentissage que vous aimeriez faire, vous verrez qu'à partir de là il y aura beaucoup d'action. Ne vous enlisez pas dans une routine dont vous connaissez tous les rouages, cela affecterait votre humeur. Bien que constant et stable, il vous faudra être actif pour que vous vous sentiez bien dans votre peau.

Vos amours

Vous aurez un comportement responsable et sérieux au cours des prochains mois. Vous aimerez sentir que vous partagez des goûts avec la personne que vous aimez. Plus vos valeurs se ressemblent et plus vous aimez faire les mêmes activités, meilleures seront vos chances de bonheur. Autrement, vous risquez d'être un peu rigide et de vous cantonner dans vos positions, vous éloignant ainsi de votre partenaire.

C'est seulement pour ceux qui persévèrent quand tout semble perdu que l'espoir luit à nouveau.

Gilbert Keith Chesterton

Célibataire, si vous faites une rencontre déterminante, ce sera dans votre milieu de travail ou lors d'une activité qui vous intéresse beaucoup. Vous aimerez particulièrement discuter de ce qui vous passionne, et le fait d'être sur la même longueur d'onde qu'une personne quant à vos occupations mutuelles vous apparaîtra comme très important. Autrement dit, vous aurez besoin de communiquer avec toute personne (en particulier une flamme du cœur) sur le plan de vos activités, surtout si vous êtes naturellement enthousiasmé par vos activités. Mais quelle que soit votre situation, vous éprouverez le besoin d'avoir des intérêts communs avec toute personne qui deviendrait importante dans votre vie. Vous pourriez également choisir de mettre votre énergie ailleurs que dans la mise en route d'une vie de couple. Cela ne vous rendrait pas triste. Peu importe votre choix, vous n'en serez pas malheureux, car vous aurez tendance à vivre votre vie telle qu'elle est plutôt qu'à rêvasser, ce qui est toujours heureux.

Si vous vivez une relation stable, vous resterez fidèle à la personne aimée, votre relation pourrait d'ailleurs être très exclusive. Par ailleurs, vous serez sur un mode travaillant, quotidien, amical plus qu'amoureux, et si l'être aimé est plutôt en mal d'activités ou d'un quotidien renouvelé, il pourrait y avoir quelques discussions bien senties.

Votre humeur de l'année sera plutôt stable et casanière, ce qui rassurera un partenaire ayant besoin de quiétude ou de stabilité, mais qui pourra énerver un partenaire en manque de nouveauté, de plaisir, de voyages, de surprises... Bref, ajoutez une touche de romantisme à votre nature première et à votre tendance à vous concentrer sur vous-même et sur vos passions personnelles, et tout ira bien.

Cœur attention !

Si vous êtes d'humeur trop routinière, cela pourrait énerver un partenaire en mal d'activités.

Cœur atout !

Vous serez stable, constant et fidèle, comme vous l'êtes par nature, mais un peu plus encore, ce qui réchauffera le cœur et le corps de la personne que vous aimez.

Célibataire ? On misera sur vous.

Vos activités

Au cours des prochains mois, vous aimerez particulièrement apprendre et vous serez capable d'aller au fond des choses et d'exceller en peu de temps dans un domaine nouveau. Si vous avez beaucoup d'expérience dans votre secteur d'activité, vous souhaiterez tout de même en apprendre un peu plus. Les personnes aux études auront de bons résultats. En fait, votre année se caractérisera par le travail, vous n'aurez pas tendance à être paresseux et vous apprécierez particulièrement votre vie quotidienne et toutes vos activités.

Si des changements vous sont imposés, plutôt que de résister, vous vous adapterez rapidement. Vous avez dans vos mains de bonnes cartes d'adaptation et d'apprentissage. Le seul hic est que vous pourriez être un peu trop serviable et qu'on pourrait être tenté d'abuser de vous. Il faudra donc que vous gardiez la tête assez froide pour percevoir toute iniquité.

Vous vous passionnerez pour de nouveaux défis, vous voudrez vous mesurer, aller au bout de quelque chose, vérifier ce dont vous êtes capable : 2011 est un bon cru pour commencer un apprentissage, une langue étrangère par exemple.

Développez le goût des risques mesurés et vous serez heureusement étonné des résultats. Du côté des rapports avec les autres (patrons, employés ou collègues), privilégiez si cela est possible les cercles étroits. Vous aurez l'esprit ouvert, mais pas plus qu'il ne le faut cette année. Vous y trouverez votre compte si vous agissez en groupe restreint.

Les patrons, les collègues et les associations

Vous respecterez l'autorité cette année et si les gens en position de vous guider vous semblent dignes de confiance, vous les suivrez fidèlement. Vous ne détesterez pas vous faire mener un peu, à condition évidemment qu'on vous laisse suffisamment d'espace de liberté. Si vous êtes vous-même patron, vous aurez une excellente concentration et vous mènerez les choses et les gens rondement sans pour autant paraître autoritaire.

Avec les collègues, définissez votre territoire, respectez le leur et vous n'aurez aucun problème. La seule chose qui pourrait vous agacer, ce serait d'être obligé de travailler davantage à cause d'un collègue qui se la coule douce ; vous n'aurez pas beaucoup de patience pour la tricherie.

Si vous vous associez à quelqu'un ou à un groupe, vérifiez d'abord que vous partagez la même philosophie du travail et les mêmes objectifs.

Curieux de tout, vous vous intéresserez à l'expérience de vie de chacun. Vous aurez beaucoup de patience si vos activités exigent le sens du service et des talents de guide.

Une ou deux clés dans vos activités

- Apprenez quelque chose de nouveau, sans vous demander à quoi cela servira.
- Rénover ou faire des réparations dans votre habitation pourrait vous plaire tout en vous faisant économiser.

L'argent et les biens

Cette année, évaluez ce qui se dessine à long terme avant de vous engager dans des dépenses farfelues. Il vaudra mieux être patient et constant, y aller doucement dans toute transaction, peser le pour et le contre, plutôt que d'agir avec trop d'empressement. Votre situation promet d'être favorable dès le printemps.

Dépenserez-vous davantage que par les années passées ? Probablement pas si vous prenez la peine de bien commencer l'année. En outre, comme vous aurez très envie d'apprendre quelque chose de nouveau et que votre curiosité sera en effervescence, vous pourriez en profiter pour comprendre mieux certaines questions d'argent et de finances personnelles pour en arriver à économiser davantage que vous ne l'avez fait à ce jour. En clair, intéressez-vous à l'argent et il s'intéressera à vous !

Certains parmi vous pourraient économiser pour un voyage ou en vue d'une grosse dépense, un bien immobilier par exemple. Soyez tout de même attentif, car votre tendance naturelle en matière d'argent est parfois excentrique. Vous aurez plus de chance de faire des gains supplémentaires si vous travaillez plus d'heures ; c'est un peu une vérité de La Palice, mais c'est pour dire qu'il vaudra mieux compter sur vos efforts que sur la chance. Si elle vient tout de même, vous vous réjouirez, mais que cela ne vous empêche pas de savoir agir sans elle.

Une ou deux astuces pour augmenter votre pécule

Ou vous économisez en vous privant de gâteries, ou vous travaillez davantage ; à vous de voir.

La forme, la santé, les loisirs

Vous serez un aventurier cette année en ce qui touche les loisirs, les vacances et les voyages. Apprenez, explorez, découvrez, ne vous contentez surtout pas de la routine, car vous vous ennuierez. Si vous avez l'occasion de voyager, n'hésitez pas à larguer les amarres. Si vous préférez le confort de la maison ou si votre situation ne vous permet pas de partir, intéressez-vous à des sujets nouveaux, étudiez quelque chose, apprenez, ce sera vraiment important pour votre équilibre intérieur.

Vous ne détesterez pas non plus vous mesurer aux autres. Vous aurez même un esprit de compétition assez fort. Les étudiants de votre signe seront au sommet de leur forme. Mais même si vous n'êtes plus aux études, vous aurez une grande capacité d'assimiler de nouvelles informations. Vous pourriez avoir beaucoup de plaisir à apprendre une nouvelle langue ou l'histoire (tout ce qui touche le passé), ou encore à lire beaucoup. Vous serez également habile manuellement, ce qui pourrait s'appliquer à toutes sortes d'activités. Côté sport, honorez votre goût d'une certaine compétition et les besoins de votre corps, mais ne faites que ce que vous aimez.

Votre santé sera probablement stable. Si vous éprouvez des malaises, ne laissez pas traîner cette situation. Soyez attentif à votre corps, mais n'en faites pas votre sujet de conversation ; bien d'autres choses de toute façon retiendront votre attention. C'est une bonne année pour toute amélioration physique.

L'amitié

Vous serez en bons termes avec vos amis cette année. Naturellement sociable, vous ne devriez avoir aucun problème de ce côté. En fait, vous pourriez resserrer les liens avec quelques personnes qui ont les mêmes intérêts que vous. Pour les célibataires, une amitié pourrait se transformer en relation plus profonde.

Vous aimerez voir des gens, beaucoup de gens, et vous pourriez rencontrer de bons amis dans votre milieu de travail.

La famille

Côté famille, il n'y a pas de grands changements à l'horizon. Vous vous entendrez avec chacun et vous aurez une certaine habileté pour parler de sujets intimes, ce qui pourrait vous servir en particulier du côté de vos relations avec vos enfants s'ils sont grands ou même adultes. Si vous êtes un jeune parent, vous saurez cultiver les petits plaisirs qui rendent la vie belle et bonne. Des tensions se résorberont d'elles-mêmes avec la famille plus éloignée; n'y travaillez pas trop, ne vous acharnez pas à régler les problèmes, lancez quelques invitations et laissez le temps passer, vous verrez qu'il arrange bien des choses.

Ce qu'on aimera de vous cette année

On aimera votre curiosité, votre intelligence, votre sens des responsabilités. Vous donnerez l'exemple par votre façon d'agir dans le cadre de vos activités. Dans l'intimité, vous serez tendre comme du bon pain.

Votre défi

Paradoxalement, mieux connaître, comprendre et respecter vos propres besoins enrichira vos rapports avec les autres. Ils s'établiront sur des bases de respect mutuel, ce qui sera primordial en 2012.

L'année selon votre élément

Si vous êtes né Chien de Métal

Vos meilleures surprises viendront peut-être du côté de vos avoirs. Vous serez capable d'améliorer toute situation si vous y mettez un tant soit peu d'énergie. C'est également une bonne année pour ce qui est de vos activités professionnelles, car les gens apprécieront beaucoup votre sens des responsabilités doublé de votre sens de l'humour. En famille, des tensions se résorberont si vous y mettez du vôtre; bien sûr, tout n'est pas parfait, mais imaginez comme il serait ennuyeux de vivre dans un monde parfait.

En amour et dans vos relations amicales, cultivez un quotidien agréable et tout se passera selon vos souhaits. Vous aurez à cœur de répandre du bonheur autour de vous. Comprenez tout de même qu'il ne serait pas utile de négliger votre propre bonheur.

Si vous êtes né Chien de Feu

Il pourrait y avoir des changements au cours des prochains mois, en particulier en ce qui concerne vos activités. Vous ralentirez? Ce n'est pas sûr; disons que vous prendrez le temps de goûter chaque moment et chaque situation. Vous deviendrez épicurien. Vous cultiverez l'art de vivre. Comme vous êtes d'un naturel actif, vous réaliserez vos projets avec brio. C'est un bon moment pour être vraiment vous-même. Il y a des années plus propices que d'autres: celle-ci s'annonce pas mal du tout en ce qui vous concerne.

Si vous êtes né Chien d'Eau

C'est un tournant, une nouvelle perspective, un sens des responsabilités accru que vous enverra l'année. Vous aurez parfois l'impression de vivre dans une nouvelle réalité. Et vous vous en étonnerez. Par ailleurs, votre intuition, déjà grande, sera décuplée durant les prochains mois, ce qui pourra même à la longue être un peu agaçant. Vous aurez l'impression de savoir les choses à l'avance. Ne vous inquiétez pas, la vie aura tout de même toutes sortes de belles surprises à vous offrir. Avec les enfants, si vous en avez, vous serez dans une forme exceptionnelle, meilleur guide que jamais. Gardez de la place pour les plaisirs.

Si vous êtes né Chien de Terre

Vous serez plus que jamais attiré par la nature, les voyages, les nouveaux horizons. Mais il est possible que la réalité vous rattrape et qu'elle vous donne beaucoup de travail. Ce qui ne sera pas si mal en fin de compte, car c'est une période faste pour aller dans le sens voulu du côté de vos activités. Faites le point, vous pourrez ensuite faire un choix. Vous avez un sens inné de l'amitié et de l'intimité, et ceux qui vous connaissent savent qu'ils peuvent toujours compter sur vous. Cette fois encore vous ferez rire et sourire vos proches. Une année stable en ce qui concerne vos finances.

Si vous êtes né Chien de Bois

Vous ferez certains choix et votre vie prendra un tournant. Il s'agit d'un choix d'orientation. Vous jonglerez avec un projet, vous réfléchirez à votre avenir, vous pèserez le pour et le contre de certaines activités, et peu à peu, vous choisirez une voie différente de celle que vous suiviez l'an dernier. Vous pourriez vivre un déménagement, un changement majeur dans l'organisation de votre quotidien. Dans vos activités, vous retrouverez peut-être le goût d'une activité que vous avez pratiquée dans le passé. Vous serez en paix avec vous-même et avec les autres. Plus libre intérieurement, donc plus libre tout court.

Au fil des mois

Janvier

Vous aurez avantage à faire de l'ordre dans vos affaires et à vous fixer des objectifs simples et accessibles. Soyez méthodique ce mois-ci, voyez à tout, ne vous perdez pas en rêveries inutiles. Sentimentalement, si vous ou votre partenaire avez pris de mauvais plis, il sera possible d'en parler ouvertement en mettant des gants blancs et en attendant le bon moment. Des questions d'argent pourraient retenir votre attention; vous verrez de quelle manière vous pourriez réaliser un vieux rêve. Des rivalités difficiles pourraient faire surface; si c'est le cas, prenez le temps d'y penser. Il est vrai que certaines personnes ne nous conviennent pas et qu'il vaut mieux s'en éloigner à long terme, mais on peut apprendre à ne pas se laisser happer par les humeurs des gens. En cultivant le calme, en particulier par le sport ou les exercices physiques, vous conserverez votre bonne humeur légendaire.

Février

Vous pourriez vous intéresser à un nouveau passe-temps ou découvrir des aspects intéressants à l'emploi que vous occuperez durant les prochaines semaines. Bon moment pour préciser ce que vous souhaitez accomplir dans les prochains mois et pour ajuster votre emploi du temps de manière qu'il vous convienne mieux. En amitié, vous serez enjoué et sociable, tandis qu'en amour vous ne serez pas facile à vivre tous les jours. Votre partenaire pourrait en souffrir si vous êtes distant. Physiquement, vous manquerez d'énergie en cette période de l'année. Allez le plus souvent possible à l'extérieur, la lumière du jour, même quand elle ne dure pas si longtemps, est salutaire. Intérieurement, vous vous sentirez porté par un espoir, un projet, un rêve... Rêvez, mais surtout pensez à une façon de rendre concret un souhait.

Mars

Vous vous rendrez service à vous-même et aux autres surtout par votre bon sens et votre capacité de voir à long terme. Cela dit, vous serez si énergique que vous pourriez heurter des gens au tempérament plus lent. Prenez soin de mesurer vos paroles et vos actions. Vous aimerez bouger beaucoup en cette période : ne vous privez ni de sorties ni de loisirs. Dans vos activités, ce qui est routinier risque de vous ennuyer beaucoup. Ne vous en plaignez pas trop, car cet état d'esprit est temporaire. Dans l'intimité, un proche pourrait avoir besoin de votre épaule. Vous serez tendre en cette période, et même si vous êtes occupé, vous prendrez le temps de bien vivre l'intimité et l'amitié. En matière de finances personnelles, voyez les choses en face et réglez vos comptes.

Avril

Faites un petit régime santé ou à tout le moins ajustez vos besoins à la saison. Dans vos activités comme à la maison, il vaudrait mieux éviter de dire ce que vous pensez sans réfléchir. Parfois, il est préférable de se taire et de garder pour soi certaines critiques. Vous aimerez beaucoup sortir et recevoir durant les prochaines semaines. Vous voudrez que les choses bougent et si les gens que vous côtoyez ont peu d'énergie, vous en serez quelque peu dépité. Les activités à deux vous plairont. C'est une période équilibrée en ce qui a trait à votre vie quotidienne et à vos passe-temps. Attardez-vous auprès de vos proches et amis, vous vous en trouverez bien. Un membre de votre famille pourrait vous faire signe sous peu. Des questions d'argent se régleront... un peu douloureusement. Eh oui, il y aura des dépenses.

Mai

En *mai,* vous serez intéressé par tout ce qui vous entoure et vous ferez certainement des apprentissages intéressants. Vous pourrez compter sur une forte énergie, ce qui affectera positivement votre productivité. Gardez tout de même en tête que tout le monde n'a pas vos forces. Côté cœur, vous serez en forme et ouvert aux suggestions de la personne aimée et de vos amis. Vous créerez un climat de communication mutuelle entre tous. Sociable, vous devrez satisfaire ce désir de contacts simples. En matière d'argent et de biens, vous agirez intelligemment et prendrez des décisions quant à votre futur. Optez pour une certaine stabilité. Si vous souhaitez vous rapprocher d'une personne que vous connaissez peu, ce pourrait être un bon moment pour faire des pas en ce sens. Vous penserez beaucoup au futur. Vous aurez l'air de rêver, mais vous ferez des plans précis.

Juin

Votre sens de l'amitié sera très fort. Côté cœur, vous pourriez vivre un rapprochement avec une personne que vous côtoyez quotidiennement. Quoi qu'il en soit, vos occupations vous vaudront des rencontres. Vous travaillerez fort pour obtenir ce qui vous est dû, mais il n'est pas dit que vous réussirez à atteindre votre objectif durant les prochaines semaines ; il faudra peut-être faire preuve d'un peu plus de patience. Demandez à un ami qu'il vous aide, il aura ou de bonnes idées ou un truc infaillible. Un projet ira lentement mais sûrement.

Juillet

Vous continuerez sur une note créative durant les prochaines semaines et vous pourrez enfin vous exprimer librement. Dans toute activité, écoutez longuement, mais ensuite dites ce que vous pensez, faites vos propositions. Comme vous serez à la fois imaginatif et réaliste, on retiendra vos propositions. Dans vos amours, vous vivrez un renouvellement de vos vœux ou une rencontre, bref, de bons moments. L'être aimé sera au centre de vos préoccupations. Avec les enfants ou les petits-enfants, si vous en avez, vous partagerez des moments de pur bonheur. Jouez avec eux, c'est ce qu'ils préfèrent. Vous pourriez faire un court voyage sous peu, n'hésitez pas si vous en avez la possibilité. Les amis seront très présents, ils apprécieront votre humeur.

Août

Vous vous affirmerez avec simplicité et vous ferez valoir votre point de vue de manière claire. Si vous souhaitez terminer une tâche, c'est le bon moment, car vous n'aurez pas tendance à traîner. Côté cœur, vous serez très sensuel en ce mois, et vous saurez confier vos sentiments. Des questions d'argent se résoudront à votre avantage. Si vous souhaitez faire des changements dans votre vie, la période est propice à la réflexion et aux prises de décision, mais pas encore à l'action comme telle. Planifiez les prochains mois et vous ne le regretterez pas.

Septembre

Vous aurez plus d'énergie que jamais et vous pourrez faire évoluer vos projets dans le sens voulu plus rapidement que prévu. Soyez tout de même attentif aux autres, car vous aurez tendance à bousculer les idées reçues et à ne pas tenir compte de la sensibilité de chacun. Vous serez par ailleurs ouvert aux idées originales et vous saurez utiliser les chances qui se présenteront. C'est un bon moment pour vous intéresser à ce qui se passe à l'étranger. Votre capacité d'apprendre sera décuplée en cette période de l'année. Si vous êtes aux études, vous serez ravi des résultats. Vers la fin du mois, on pourrait reconnaître vos capacités et vous confier de nouvelles responsabilités. En matière d'argent, restez réaliste.

Octobre

Gardez du temps pour dresser le bilan sur certaines questions, mais faites surtout des plans à long terme en cette période et ne conservez que les projets qui peuvent être concrétisés. Vous serez actif et en mesure de réaliser un objectif. Cela dit, si l'on tente de vous mettre des bâtons dans les roues ou si vos projets sont stoppés par des événements hors de votre contrôle, ne changez pas tout, maintenez le cap sans faire trop de bruit. Dans quelques semaines, la voie sera de nouveau libre. Côté cœur, vous serez plus sociable qu'amoureux. Vous voudrez sortir, discuter, vous amuser et rire plutôt que de vivre la routine quotidienne. Vers la fin du mois, peut-être même dès la troisième semaine, vous éprouverez une certaine lassitude que quelques bonnes nuits de sommeil répareront.

Novembre

Votre énergie nerveuse ira en dents de scie, faites attention car vous pourriez vraiment vous retrouver à plat si vous oubliez de vous reposer. Cultivez le calme, apprenez une technique de détente ou de méditation et vous vous sentirez bien dans votre peau. Autrement, vous vous énerverez pour des raisons qui n'en valent pas la peine, vous vous fâcherez de tout et de rien. En amour, vous pourriez vivre quelques difficultés temporaires si vous ne prenez pas la peine de dire simplement ce que vous ressentez et d'observer ce que votre partenaire vit. Avec un proche, quelques insatisfactions devraient être exprimées, cela vous libérera et fera de même pour la personne concernée. Cette nécessité de dire les vraies choses touchera tout ce qui vous concerne ce mois-ci. Vous opterez pour la vérité.

Décembre

Vous serez assez en forme au quotidien ce mois-ci, mais vous aurez besoin d'une certaine tranquillité, d'une ambiance paisible pour vous sentir vraiment bien dans votre peau. Une chose est sûre : vous devriez faire du sport, des exercices ou toute autre activité de loisirs créatifs. Côté cœur, si vous êtes fatigué en cette période, cela pourrait influencer négativement vos relations. Intérieurement, vous serez à la recherche de quelque chose de nouveau et il est possible que vous viviez quelques tensions. En fait, vous tendrez à vous joindre à un groupe, à une équipe durant les prochains mois. Cela serait bon pour vous. Pour ce qui est des fêtes, prenez la vie comme elle vient, lâchez prise, cela vous ressourcera.

Le Sanglier

Sanglier de Bois : du 4 février 1935 au 23 janvier 1936

Sanglier de Feu : du 22 janvier 1947 au 9 février 1948

Sanglier de Terre : du 8 février 1959 au 27 janvier 1960

Sanglier de Métal : du 27 janvier 1971 au 15 février 1972

Sanglier d'Eau : du 13 février 1983 au 1er février 1984

Sanglier de Bois : du 31 janvier 1995 au 18 février 1996

Sanglier de Feu : du 18 février 2007 au 6 février 2008

Sanglier de Terre : du 5 février 2019 au 24 janvier 2020

Vous êtes... honnête, bon et conciliant.

Sans rancune ni vengeance,
vous donnez la priorité à l'harmonie.

Vous jouissez d'une popularité enviable et votre sens de l'humour déride tout le monde.

La personnalité du Sanglier

Le natif du Sanglier est bon et chanceux. On dit qu'il est l'épicurien du zodiaque. Il aime la bonne chère, mais aussi tout le reste : le travail, les loisirs, la famille et les amis. Très clairement, il goûte à tous les plaisirs. Courageux et doté d'un bon cœur, il ne met pas son intelligence au premier plan. Il est modeste.

En tout, le natif du Sanglier n'écoute que lui-même et suit son petit bonhomme de chemin, jusqu'à ce qu'il obtienne ce qu'il désire. Personne ne pourra le faire changer d'avis. C'est un entêté. Il évite les drames intérieurs en fuyant l'introspection ; il peut même prétendre que tout va bien quand tout va mal. Il adopte le plaisir comme guide de vie ; il a d'ailleurs un côté superficiel. Il a également l'habitude de reporter les décisions importantes à plus tard, croyant que ses problèmes se résoudront d'eux-mêmes. Il est lent, mais il s'investit complètement dans ce qu'il fait.

Au quotidien, on le dit ou très désordonné, ou fanatique de l'ordre, il n'y a pas de juste milieu. Essentiellement, le Sanglier a une nature saine, spontanée et sensuelle. Parfois naïf, il aime la vie simple, la nature et la tranquillité. L'aspect le plus difficile de son caractère est son opiniâtreté : de fait, quand il a une idée en tête, n'essayez pas de l'en faire changer, vous perdriez votre temps.

Dans sa jeunesse, il peut être à la fois fêtard et travailleur. On peut facilement le prendre pour un matérialiste, mais ce serait une erreur : s'il aime le faste, c'est qu'il est un adepte du plaisir. Il peut, malgré tout, à cause de sa gourmandise légendaire, se révéler avide et motivé par le profit à tout prix. Intéressé, il peut se faire malin. Il est généreux de son argent autant que de son affection. Pour certaines personnes, il peut sembler arrogant... c'est son côté abondant. Il aime bien les projets grandioses.

Pour ce qui est du travail, en raison de sa propension à se divertir, on pourrait le croire paresseux. Or il n'en est rien, le Sanglier est habile, courageux, robuste et endurant. De plus, il est si serviable (et parfois si crédule) qu'il n'est pas rare qu'on abuse de lui. Il doit apprendre à se défendre. Cela dit, son côté pratique est très apprécié. On ne lui connaît pas de très grandes ambitions : il se contente le plus souvent de pourvoir à ses besoins et à ceux de ses proches, préférant le bonheur à la réussite sociale. Il est malgré tout frondeur, rempli de vitalité et d'enthousiasme. Généreux de nature et aimant plaire, il donne sa chance à tout le monde, parfois même à ceux qui ne le méritent pas. Il n'aime pas précisément suivre les règles, il faut lui laisser une bonne marge de manœuvre pour qu'il donne le meilleur de lui-même.

Dans ses affections, le Sanglier s'entoure de gens sympathiques, qu'il traite bien. Sachant être simple et se montrer tel qu'il est, il a beaucoup d'amis. En amour, il est sentimental, sensuel et possessif. On le dit dévoué. Il peut se sacrifier pour un être qu'il aime, mais il est plus ou moins fidèle de nature, sa gourmandise l'incitant parfois à sauter la clôture. Sa chance légendaire lui réserve souvent une heureuse vie en amour, même si ça tarde parfois un peu. Mais il est facile à berner et il doit apprendre à s'entourer de gens fiables. La femme Sanglier peut souffrir de ne pas suffisamment s'affirmer. Elle sait vivre au quotidien et apprécie la vie domestique. L'homme Sanglier est attiré par la bonté. Il voit au bonheur et aux besoins matériels de ses proches. Avec un natif du Sanglier, vous découvrirez que la gentillesse est une qualité.

Ses rôles

- L'enfant est ouvert, autonome et dynamique.
- Le parent est encourageant. Il gâte sa famille.
- L'amoureux est sentimental, loyal et persévérant.
- L'enseignant est aimable et délicat.
- En affaires, le Sanglier est un bon associé, mais il est parfois trop optimiste.
- Le patron met la main à la pâte et consulte ses employés.

- L'ami ou le collègue est bien disposé et très apprécié. Il peut lui arriver de faire confiance aux mauvaises personnes. Ses amis l'aident.
- L'ennemi est peu disposé à entretenir l'inimitié.

Ce qu'il représente

Selon les Chinois, le Sanglier symbolise le confort, le bonheur et la prospérité. Il a beaucoup de chance et il croit aux miracles, car ils existent réellement pour lui.

Les éléments

Le Sanglier de Métal est endurant, travailleur et honnête. L'élément Métal peut lui donner un caractère dur. Ce Sanglier manifeste ses sentiments ; son comportement est ouvert et franc.

Le Sanglier d'Eau est perspicace, tolérant et dévoué. L'élément Eau, en relation avec la sensibilité et les émotions, lui confère une grande diplomatie. Il ne croit pas que les autres puissent avoir de mauvaises intentions. C'est un dépensier.

Le Sanglier de Bois est entreprenant, généreux et solidaire. L'élément Bois favorise chez lui l'expansion et l'épanouissement, le bonheur et la générosité. Ce natif a le sens de l'organisation et il voudrait aider tout le monde.

Le Sanglier de Feu est courageux, enthousiaste et généreux. L'élément Feu le pousse à s'extérioriser. Il lui confère chaleur, générosité et joie de vivre. Il rend ce Sanglier plus passionné et plus matérialiste que les autres natifs.

Le Sanglier de Terre est patient, constant et intègre. L'élément Terre renforce son sens de la réalité et son esprit pratique. Le natif est également pacifique. Il réalise ses ambitions raisonnables.

Harmonies et conflits

++ Le Sanglier s'entend bien avec la Chèvre et le Lièvre, car tous trois sont doués pour la collaboration. Ils possèdent le même type de générosité. Ils sont très actifs mais le plus souvent en coulisses. Ils ont une influence sur leur milieu. Le Sanglier et la Chèvre vivent une entente parfaite et durable. Le Sanglier et le Lièvre sont unis ; des conflits peuvent naître de leurs rapports avec l'extérieur.

- \+ Le natif du Sanglier s'entend également bien avec les natifs du Rat, du Tigre, du Singe et du Dragon. Avec chacun de ces signes, le Sanglier partage des intérêts communs.
- – Le Sanglier et le Serpent n'ont pas la même vision. L'un est confiant, ouvert et honnête ; l'autre est méfiant, réservé et sceptique à l'excès. Bien qu'ils aiment tous deux la bonne vie, ils n'avancent pas sur le même chemin.

Prévisions pour le Sanglier

La sagesse est d'être fou lorsque les circonstances en valent la peine.

Jean Cocteau

Du 3 février 2011 au 22 janvier 2012

Ce pourrait être pour vous une année amusante, réjouissante, peut-être même passionnante ! Rien de moins. À la fois sociable, enjoué, dynamique, enthousiaste et généreux, vous vous réjouirez de tout. Vous entrez dans un cycle aussi étonnant qu'intéressant. Cultivez vos relations et sortez un peu plus, invitez des gens à la maison ou acceptez les invitations, travaillez à vos projets avec imagination, laissez vivre votre fibre créatrice, et vous serez dans une forme resplendissante.

Voyagez aussi, si l'occasion vous en est offerte. Si c'est impossible, suivez un cours du soir, apprenez une langue ou toute autre chose qui vous tente et à laquelle vous n'avez jamais pris le temps de vous attarder.

Du côté des relations, vous serez aussi à l'aise dans les rapports intimes que dans les relations sociales proprement dites : plus d'amis, plus de famille, plus d'enfants, plus de conversations, plus de retrouvailles, plus de fêtes... tout cela vous plaira et, surtout, vous donnera une grande énergie.

Ce sera une année exceptionnellement intéressante si vos activités requièrent imagination et créativité. Quelles qu'elles soient, vous y ajouterez une touche fantaisiste. Ainsi, vous n'aurez pas le sentiment que la vie est parfois ennuyeuse. Il n'y a rien d'ordinaire dans votre ciel des prochains mois.

Vos amours

Vous avez certainement fait la paix avec vous-même depuis un bon moment déjà, et si vous avez fait la paix avec vos amours, la vie continuera de vous sourire. Vous aurez tendance à voir le bon côté des choses, vous serez dynamique et sociable également. Célibataire, vous serez d'humeur joyeuse (eh oui, pratiquement toute l'année) et rien ne viendra vous donner le goût de vous stabiliser, à moins que vous ne croisiez le grand amour ! C'est une année où vous pourrez faire plusieurs rencontres. Vous serez le joyeux ou la joyeuse du zodiaque. Cela dit, si vous faites la rencontre d'une personne qui vous ressemble par son humeur joviale, ce pourrait être une union très heureuse. Surtout, fuyez les gens compliqués et les situations dramatiques. Vous serez mal dans votre peau si vous êtes en relation avec une personne triste, car vous resterez sensible aux sentiments des autres. Il ne s'agit pas de devenir un monstre d'égoïsme, mais ne tentez pas de sauver l'humanité. Votre bonheur dépend d'une attitude équilibrée.

L'amour qui économise
n'est jamais le véritable amour.

Honoré de Balzac

En couple, vous mettrez de la joie et des jeux dans votre environnement proche. Imaginatif et créatif, vous aurez le sens des loisirs, de la fête, des rapprochements. Cette année est un bon cru pour vos amours. Seule petite chose, votre partenaire aura parfois du mal à vous suivre. S'il ou elle n'est pas de la même humeur que vous, s'il ou elle est morose, vous serez un peu dépité. En utilisant votre imagination, vous saurez donner une affection sincère à l'être aimé. Ce sera vous, la personne forte du couple cette année ; vous mènerez sans autoritarisme, vous proposerez... Soyez à l'écoute et vous verrez que ce sera vraiment bien.

Que vous soyez en couple ou célibataire, vous serez particulièrement sociable au cours des prochains mois. Vous aurez du plaisir à être en compagnie, vous vivrez une intimité simple. Évitez de vous isoler, d'être trop seul ou trop à deux. Sortez, proposez des escapades à votre partenaire ou à une personne chère.

Cœur attention !

Ne vous laissez pas harponner par des gens qui manquent d'autonomie.

Proposez des activités, c'est votre tour de faire preuve de créativité.

Cœur atout !

Votre imagination sera plus vive que jamais, servez-vous-en dans vos amours.

Vous serez aimant et vous aimerez.

Vos activités

Vous aurez tendance à privilégier ce qui se fait en équipe, ce qui demande de mettre des talents en commun. Tout au long des prochains mois, vous éprouverez le besoin d'être plus près des gens. Cela dit, vous pourriez parfois oublier ce qui compte pour vous et ignorer certains de vos besoins. Il sera utile de vous réserver des plages de solitude afin de vivre un bon équilibre.

Vous aurez en particulier de l'imagination, un bon sens créatif, le goût de mettre votre énergie là où il le faut pour faire évoluer votre situation dans le sens voulu. À la fois conscient des aspects réalistes de vos activités et de l'inventivité dont vous pouvez faire preuve pour vivre des événements intéressants, vous agirez de manière équilibrée. Attention tout de même, car vous aurez un peu moins de concentration que d'habitude. Si vos activités exigent une grande précision, il faudra redoubler de vigilance.

Ce qui se dessine également, c'est une curiosité profonde qui agira sur toutes vos activités. Du côté des communications, vous serez habile à exprimer vos idées et vous vous ferez remarquer par votre originalité.

Les patrons, les collègues et les associations

Si vous êtes en position d'autorité, vous tiendrez compte de tout un chacun, vous serez apprécié de ceux qui travaillent pour vous. Essayez simplement de ne pas trop leur en demander : votre enthousiasme sera si grand que vous pourriez exagérer.

Avec vos patrons, vous serez le rebelle de l'année... alors, espérons qu'ils vous aiment bien ! Par ailleurs, comme vous savez toujours vous faire apprécier, eh bien, cela pourrait jouer en votre faveur. On vous fera des passe-droits.

Vous aurez de bons contacts avec les pairs et les collègues, à condition de ne pas prendre toute la place. Ce n'est pas dans votre tempérament, mais c'est dans votre cycle : vous risquez de vous laisser emporter par mille et une idées. Cela dit, vous serez celle ou celui qui faire rire et qui rassemble, cela pourrait jouer favorablement dans toutes vos relations.

C'est une bonne année pour les associations nouvelles ou anciennes. Vous aurez une énergie forte et une attitude positive, ce qui favorisera le travail ou les activités en équipe.

Aux clients, aux patients, aux étudiants..., vous donnerez, tout en ne vous privant pas vous-même. Une année d'équilibre.

Une ou deux clés dans vos activités

Innovez, quittez les chemins trop bien balisés, ne vous contentez plus de l'ordinaire de la vie. Vous aurez le sens de l'étonnement, ce qui est une grande richesse.

L'argent et les biens

Vous pourriez avoir tendance à fournir des efforts là où c'est inutile et à laisser de côté ce qui pourrait être rapidement profitable. Vous pourriez dépenser beaucoup là où ce n'est pas nécessaire et devenir économe dans des domaines où vous auriez avantage à dépenser un peu plus. Il n'est pas certain que vous serez le meilleur gestionnaire, bien que la chance se tienne souvent près de vous quand il est question d'argent et de gains.

Plus insouciant que d'habitude, soit vous investirez à la bonne place, soit vous vous tromperez. Si vous êtes entouré de gens de confiance, demandez conseil avant de faire une grosse dépense.

Par ailleurs, si vous faites le choix de dépenser un peu plus, vous saurez vous entourer de beau. Il y a des moments dans la vie où on a davantage de goût que d'ordinaire, c'est étrange, mais c'est comme ça; eh bien, vous êtes dans un tel cycle. Ce sera donc une bonne période pour vous, l'artiste du zodiaque, pour faire des achats qui embelliront votre demeure, votre environnement, vous-même...

En ce qui concerne les gains, pour en faire davantage, utilisez votre imagination et votre créativité (je sais, j'insiste), votre force sera là.

Une ou deux astuces pour augmenter votre pécule

Ne dépensez pas ce que vous n'avez pas.

Si vous faites des folies, privez-vous quelques jours pour rattraper le tout.

La forme, la santé, les loisirs

Vous serez durant la prochaine année en bonne forme si vous êtes assez actif et occupé. Si vos activités ne vous satisfont pas, si, par exemple, vous occupez un emploi qui vous déplaît, votre corps vous donnera des signes qu'il faut y voir. Autrement, rien de particulier ne viendra miner votre bonne humeur et votre enthousiasme pour vos activités. Si vous avez eu des problèmes de santé dans les dernières années, vous constaterez avec plaisir que cela est chose du passé. Vous aurez beaucoup d'énergie en 2011 et vous aurez peut-être même l'impression d'être plus jeune que l'an dernier. Cela dit, ralentissez une fois de temps en temps, arrêtez-vous et détendez-vous, c'est toujours bon.

Sociable et d'humeur amicale durant les mois qui viennent, vous serez agréablement surpris de constater à quel point votre entourage vous aime. Vous avez aussi du plaisir à faire des loisirs en commun. Si on vous propose un voyage de groupe, ne dites pas non, même si vous vous êtes toujours dit que ce n'était pas pour vous, car vous pourriez découvrir que c'est très agréable. Bien sûr, il y a toujours une personne ou deux qui détonnent, mais qui a dit que le monde était parfait ! En plus, cela met parfois du piquant dans la vie.

Cela dit, vous aurez besoin de vous dépenser pour les autres cette année, de donner de votre temps, de faire circuler l'énergie en vous dédiant à certaines personnes. Eh oui, vous pourriez faire du bénévolat. Faites-le et vous vous en trouverez bien.

Privilégiez ce qui se fait en groupe : fête de famille ou d'amis, voyage organisé...

L'amitié

Voici une belle année du côté de vos amitiés : vous reprendrez contact avec des amis de longue date, vous aimerez communiquer sur un plan amical et vous apprécierez les longues conversations que vous pourrez avoir.

Sachez aussi que vous pourriez rencontrer des gens intéressants dans le cadre d'un groupe de travail ou de vos activités. Vous aimerez les contacts amicaux et vous serez apprécié pour votre sens de la collégialité.

La famille

Côté famille, ce sera chaleureux. Si vous êtes en âge d'avoir des enfants, ce sera un bon moment pour cela. Si vous avez de jeunes enfants, vous serez dans une forme exceptionnelle pour prendre soin d'eux et pour les guider vers ce qu'il y a de mieux pour eux. Tout ce qui concerne vos parents, vos enfants ou vos petits-enfants vous réjouira et vous tiendra particulièrement à cœur durant les prochains mois. Les autres liens familiaux vous intéresseront également, mais dans une moindre mesure.

Ce qu'on aimera de vous cette année

On appréciera votre capacité de vous mettre au diapason des autres, votre imagination, votre joie de vivre. Vous vous sentirez aimé et cela vous donnera le goût d'aimer encore un peu plus.

Votre défi

Approfondissez vos connaissances, vous serez peut-être tenté de papillonner beaucoup. En savoir plus long sur un sujet précis vous servirait.

L'année selon votre élément

Si vous êtes né Sanglier de Métal

C'est une bonne année pour améliorer votre situation financière. Si elle est déjà bonne, vous continuerez dans cette voie. Si elle a besoin de se redresser, vous trouverez enfin ce qui vous manquait. Vous aurez de la chance de ce côté, alors saisissez-la. Restez réaliste en tout temps et regardez plus loin que le bout de votre nez : intéressez-vous au long terme. En famille, vous aurez de bonnes surprises. Vous passez un cap cette année, vous le passerez avec grâce. Plus sûr de vous et toujours confiant en la vie et en votre chance, vous constaterez que ce qui vous semblait problématique dans le passé a bel et bien disparu. De bons moments vous attendent. Servez-vous de votre imagination pour vivre un quotidien plaisant.

Si vous êtes né Sanglier de Feu

Enfants ou petits-enfants vous apporteront la joie. Vous serez particulièrement en forme cette année et vous retrouverez une énergie qui vous a peut-être quelque peu fait défaut ces dernières années. Si ce n'est pas votre cas, vous constaterez tout de même que vous êtes en grande forme physique et psychologique, ce qui simplifie tout et vous rend la vie agréable. C'est une bonne année également du côté du boulot ou de vos activités de loisirs : vous serez apprécié et en demande. On admirera chez vous l'expérience acquise. De votre côté, vous saurez que ce qui vous guide, c'est votre côté bon enfant et votre capacité d'émerveillement et d'étonnement. Gardez cela précieusement.

Si vous êtes né Sanglier d'Eau

C'est une année qui vous fera prendre conscience d'un tas de choses que vous sentiez diffuses, mais que vous n'arriviez pas à expliquer. Vous devenez une personne plus consciente, plus maîtresse d'elle-même, plus assurée et cela vous aidera à réaliser certains rêves et projets. Vous aurez le goût de vous amuser durant les prochains mois et il ne faudra pas hésiter à faire une large place aux joies de la vie. Il est bien d'être responsable et consciencieux, mais encore faut-il le faire dans la bonne humeur. C'est cela que vous réussirez. Si des enfants sont dans votre vie, vous leur ferez profiter de votre joie de vivre.

Si vous êtes né Sanglier de Terre

Cette année, vous pourriez prendre la décision de vous accorder toutes sortes de gâteries au fil du quotidien, d'être un peu moins consciencieux et de vous centrer un peu plus sur les plaisirs. Vous pourriez faire cela, mais vous êtes déjà un as de la trouvaille des plaisirs ; il y aura donc assez peu de changements dans votre vie, si ce n'est que vous serez simplement conscient des beaux cadeaux que la vie vous offre. Vous serez heureux dans la nature et vous pourriez aussi vous découvrir une nouvelle passion pour une activité à la fois lucrative et créative. Pas d'ombre au tableau, profitez bien de chaque jour et tâchez de continuer sur cette voie plaisante.

Si vous êtes né Sanglier de Bois

C'est un bon moment pour vous libérer de certains poids du passé. Vous n'aurez pas à faire des changements radicaux, mais simplement à profiter de chaque jour en vous donnant comme mot d'ordre d'avoir du plaisir. Vous avez une propension naturelle à cultiver le plaisir, cela se double cette année d'un vent extérieur, un peu comme si tout venait vous confirmer dans vos idées. Par ailleurs, c'est aussi une période propice à la réalisation d'un projet : du travail sera nécessaire, des apprentissages se feront, mais vous serez si heureux de voir les résultats ! Vous mettrez de la couleur dans votre vie.

Au fil des mois

Janvier

Vous aurez quelques semaines pour vous pencher de plus près sur des questions d'emploi du temps ou d'organisation de vos avoirs. Vous prendrez quelques décisions qui orienteront vos activités. Intérieurement, vous serez sur le mode de la réflexion et il est probable que vous vous posiez des questions sur vos activités. Faites comme la plupart des gens en cette période : réfléchissez à une ou deux choses que vous aimeriez modifier. Globalement, vous aurez une attitude très énergique et productive. Mettez la main à la pâte et vous avancerez à pas de géant. En famille, vous serez heureux des rapprochements des derniers mois. Côté cœur, c'est au quotidien que vous vivrez les meilleurs moments. Tout sera paisible.

Février

C'est du côté de la famille et de l'intimité que vous vous tournerez durant les prochaines semaines. Si vous êtes en froid avec un membre de votre famille, laissez le temps passer et vous verrez qu'il arrange souvent les choses. De toute façon, ne jetez pas d'huile sur le feu. Vous serez tout de même attentif aux gens de votre famille et à votre partenaire de vie. À la maison, n'hésitez plus à planifier des changements pour le printemps. Vous pourriez même entreprendre des rénovations ou faire un gros achat. Dans vos activités, votre capacité de tenir compte des détails sera meilleure que jamais. Rien ne vous échappera. Côté cœur, vous cultiverez la douceur de l'intimité, vous gâterez les gens que vous aimez, vous donnerez des preuves de vos sentiments.

Mars

Tout le monde sera actif et occupé, tandis que vous aurez plutôt le cœur à prendre la vie lentement et à vous laisser guider par les événements. Cultivez le calme et la paix intérieure en cette période de l'année et vous serez moins fatigué que la plupart des gens de votre entourage. Compartimentez vos activités autant que possible : ne mêlez pas travail et intimité. Vers la fin du mois, vous deviendrez plus actif, vous vous enthousiasmerez pour un projet ou deux, vous aurez une grande énergie, bref, vous bougerez beaucoup. Si vous avez un projet en tête, gardez-le dans l'ombre pour le moment, vous saurez mieux quoi faire quand le temps sera venu.

Avril

Mettez un ou deux projets en route et travaillez-y jusqu'à ce que les choses évoluent dans le bon sens. Côté cœur, vous vous exprimerez ouvertement, ce qui facilitera tout et rendra la vie agréable. Vous aurez aussi le cœur joueur en cette période, et il vaudra mieux vous garder de prendre des risques exagérés. En matière d'argent, votre situation sera bonne. Au mitan du mois, vous voudrez mettre un peu d'ordre dans vos affaires, ce qui sera une bonne idée. Au travail, si vos initiatives ne donnent pas les résultats attendus rapidement, patientez simplement, ce ne sera pas long. Pour votre santé, ne cultivez pas l'anxiété, mais plutôt le calme et la paix.

Mai

Votre manière de communiquer est excellente. Votre patience, votre tact, votre esprit méthodique vous aident beaucoup, mais il reste que la chance n'est pas encore là. Quelques semaines encore et vous changerez d'état d'esprit, devenant actif, concret et vous assurant de la réussite de vos projets. Côté cœur, vous l'aurez grand et rêveur. Si vous n'êtes pas en couple, vous vous inventerez mille et une histoires et vous croiserez peut-être le chemin de quelqu'un qui a un regard tendre, bon et brûlant. En couple, vous rêverez à deux d'un beau voyage ou vous vivrez ensemble comme sur un nuage. Un mois des plus intéressants.

Juin

Vous aurez le vent dans les voiles, le goût d'agir, de la curiosité pour tout ce qui vous entoure, les gens comme les activités. Vous pourriez cependant être assez fatigué et nerveux, car vous serez très sollicité en cette période. Même si vous adorez ce que vous faites, les activités qu'on vous propose et les invitations, prenez le temps de choisir vos sorties, car vous ne serez pas à l'abri de la tension. Vous serez sollicité en cette période. Premièrement, vous plairez aux gens. Deuxièmement, on sera tenté de suivre votre exemple, de s'inspirer de vous, de vous écouter, ce qui ne pourra pas faire autrement que de vous faire un petit velours. Il sera bon que vous preniez tout de même le temps de vous occuper de votre apparence et de votre santé. Prenez du temps pour vous choyer, c'est bien plus important qu'on veut bien le reconnaître.

Juillet

Les gens avec qui vous êtes en contact sont dignes de confiance, vos enfants vous feront rire et vos amours se vivront sur le mode ludique. Bon moment pour choisir de ne rien prendre trop au sérieux. Vous aurez, durant les mois à venir, un esprit très créateur et quelle que soit l'activité qui vous passionne, vous aurez avantage à vous y adonner. Évitez le farniente, ça ne vous conviendrait pas. Vous serez assez économe, malgré la saison qui entraîne parfois de grosses dépenses, surtout lors de déplacements. Vous n'aurez pas l'impression de vous priver, vous aurez simplement peu d'attirance pour le luxe. Vos amours devraient bien se porter, car vous aurez le cœur ouvert. Si la solitude vous pèse, allez vers les autres, vous verrez que certaines personnes seront réceptives.

Août

Vous continuerez d'avoir une énergie du tonnerre ce mois-ci, et il faudra voir à ce qu'elle soit bien dépensée. Vous aurez de la difficulté à accepter que les choses ne se passent pas exactement comme vous le voulez, donc respirez profondément à l'occasion et rappelez-vous que tout vient à point à qui sait attendre. Des tensions familiales vous rendront peut-être moins patient ; là encore, il faudra rester calme. Côté cœur, restez auprès des gens que vous aimez et confiez-vous si vous en sentez le besoin, on vous écoutera. Vous voudrez aider et servir les gens qui vous entourent. Votre gentillesse est d'autant plus appréciée qu'elle n'est pas une façade. Jouez en cette saison.

Septembre

Voici un des mois les plus occupés de votre année. Vous aurez vraiment du succès en cette période et vous attirerez beaucoup l'attention. Intérieurement, vous ferez face à toute situation, vous vous sentirez en forme et capable de plusieurs réalisations. Vous pourriez même avoir quelques idées de grandeur à la fin du mois, tant vous aurez avancé dans un projet. Si vous êtes normalement plus ou moins volontaire et discipliné, vous serez dans un état d'esprit différent. Par ailleurs, vous pourriez vivre des tensions nerveuses, car les événements se succéderont à une vitesse folle.

Dans vos activités, vous serez étonné de ce qui se passera. Côté cœur, vous charmerez les gens de votre intimité. Faites place à un changement à la fin du mois, vous entrerez lentement dans une nouvelle étape qui révélera votre sens pratique.

Octobre

Votre sens pratique vous permettra de faire de grands pas durant les prochaines semaines. Dans tout projet, vous verrez à votre affaire et vous en assurerez la réussite en étant très précis et attentif. Votre sérieux sera remarqué par des gens de votre entourage. Tout ce qui touche votre travail ou vos activités vous tiendra très occupé, mais l'intimité ne passera pas au second plan. Vous êtes maître de votre situation, vous menez très bien votre barque, les résultats positifs se feront sentir bientôt. À la maison, privilégiez la tranquillité. Sortez en famille et avec des amis.

Novembre

Ne vous posez pas trop de questions, allez directement à la source des problèmes ou des malentendus et vous les réglerez en un rien de temps. Si vous travaillez en association avec des gens, vous les comprendrez bien et vous ferez en sorte que chacun fasse les compromis nécessaires pour que tout se passe de la meilleure façon. Si vous faites face à l'adversité, vous serez capable de trouver ce qui pourrait être modifié pour qu'une solution durable existe. Il vous viendra des intuitions fortes durant les prochaines semaines et vous aurez la sensation de tout savoir à l'avance. Côté cœur, vivez chaleureusement et tout près physiquement de la personne que vous aimez, car vous aurez besoin d'un contact réel pour vous sentir bien. En matière d'argent, vraiment vous aurez des raisons d'être fier de vous. N'oubliez pas d'être généreux avec les proches et les gens qui ont moins de chance que vous.

Décembre

Vous entrerez dans une période magnifique et vous vivrez certainement des moments exceptionnels en cette fin d'année. En amour, vous serez tendre et on le sera avec vous. À deux, vous serez tout à fait à l'aise et vous constaterez que vous avez fait de grands pas en une seule année. Côté famille, vous amuserez tout le monde par vos pitreries, et surtout vous réchaufferez le cœur des gens que vous aimez. Votre créativité sera très forte en cette période, vous ferez tout avec originalité et plaisir. Durant l'année qui vient, vous serez très travaillant et attentif aux détails, vous voudrez peut-être faire un nouvel apprentissage ou donner de votre temps à une cause. Si vous n'avez pas fait d'achat immobilier cette année, vous pourriez y songer l'an prochain.

Le Rat

Rat de Bois : du 5 février 1924 au 24 janvier 1925

Rat de Feu : du 24 janvier 1936 au 10 février 1937

Rat de Terre : du 10 février 1948 au 28 janvier 1949

Rat de Métal : du 28 janvier 1960 au 14 février 1961

Rat d'Eau : du 16 février 1972 au 2 février 1973

Rat de Bois : du 2 février 1984 au 19 février 1985

Rat de Feu : du 19 février 1996 au 6 février 1997

Rat de Terre : du 7 février 2008 au 25 janvier 2009

Vous êtes... curieux, rusé et stratège, charmant, intelligent, populaire et sociable.

Vous nouez des amitiés le plus facilement du monde. On recherche vos conseils et votre compagnie.

La personnalité du Rat

Le Rat est un individualiste sociable. Il a le goût des relations; il est d'ailleurs très à l'aise dans les soirées et les réunions. En somme, il adore être en contact avec les gens. C'est un curieux et un intuitif. C'est aussi un être charmant, séduisant et un fin stratège. Il trouve des solutions simples et pratiques aux problèmes complexes; franchement, il adore les énigmes. Il ne se laisse jamais impressionner par les obstacles et il déteste l'oisiveté et le gaspillage. Il peut provoquer et il est très porté sur la critique. Le plus souvent, il cache ses intentions jusqu'à ce qu'il soit sûr de son fait. Ce natif réussit à allier rationalité et intuition de la meilleure façon qui soit, ce qui lui assure de multiples réussites.

Dans sa vie sociale, le Rat aime être au cœur d'un réseau influent. Il adore les mondanités et n'a rien contre les traitements de faveur. Il fait toujours partie de bons clubs, il connaît les gens importants et côtoie avec grand plaisir ceux qui sont bien placés. Même s'il ne l'avoue pas, la célébrité, le succès et l'argent l'impressionnent et l'attirent.

Dans ses activités professionnelles, le natif du Rat s'engage sans réserve. Opportuniste et minutieux, il est toujours à la hauteur de ce qu'on attend de lui. Sa prudence est légendaire; on le dit aussi ambitieux et doté d'une grande capacité d'adaptation. Dans ses rapports avec les autres, il pratique l'art du compromis et de la négociation. Il est à l'aise dans les rôles de chef, de novateur et de précurseur. Il adore se mêler de ce qui ne le regarde pas et il finit toujours par en savoir plus que ses collègues. Il est aussi doué pour la planification et l'organisation. Côté communications, il établit des liens profitables. Le Rat est un bourreau de travail, il ne recule pas lorsque ses efforts sont requis; il va de l'avant, il s'intéresse à toutes les formes de progrès. Il n'est pas du genre à être en retard, mais il n'est pas non plus reconnu pour sa patience. Ses plus grandes qualités: il sait ce qu'il veut et il est persévérant. En outre, il se défend s'il considère qu'on le néglige: il réclamera son dû tôt ou tard, d'une manière ou d'une autre. Cela dit, c'est un bon collaborateur, il ne fait pas la sourde oreille lorsqu'on lui fait des remarques et il apprécie les bonnes idées, ce qui le sert souvent. Il ne passe pas non plus par quatre chemins pour dire ce qu'il pense.

En matière d'argent, il est très économe. Il thésaurise. Il est loin d'être dépensier et aucune bonne affaire ne peut lui échapper. Il observe toujours très précisément ce qui se passe avant de se jeter dans la mêlée. Dans l'ensemble, le Rat s'efforce d'en obtenir le plus possible en en donnant le moins possible, il a du talent pour les affaires. Si on le dit frugal à l'excès, il est toutefois généreux avec son conjoint et ses enfants. À eux, et à eux seuls, il donnera tout.

Dans ses affections, le Rat a l'esprit de clan. Il est expressif, ardent et très attentionné. Il sait écouter et faire parler les gens, alors on se confie à lui. Il donne beaucoup d'importance à ses relations, ce qui le fait parfois souffrir plus que nécessaire. Sa jeunesse est rarement la partie la plus facile de sa vie, car l'insécurité le trouble beaucoup. En amitié ou en amour, le Rat n'accepte pas d'être dupé. Porté à être très possessif, il doit freiner une tendance à contrôler les êtres qu'il aime, à devenir autoritaire ou à s'imposer au mauvais moment.

En amour, le natif du Rat est sensuel, passionné, jaloux et fidèle, mais il est parfois un peu dominateur. Il s'engage facilement, car il n'est pas du genre à craindre les risques. Quand il trouve un partenaire, il vit très bien l'attachement. Malgré tout, il supporte difficilement la souffrance en amour. Il n'a pas plus de facilité qu'il le faut à dire ce qu'il ressent même si son cœur est en ébullition perpétuelle. Cela dit, il est très populaire. Peut-être est-ce en partie parce qu'il ne fait pas mystère de ses sentiments. Madame Rat lutte tous les jours pour faire place à deux facettes de sa personnalité: la femme amoureuse et la femme d'affaires. Monsieur Rat est un insatisfait, mais il aime la romance, la passion et la tendresse.

Ses rôles

- L'enfant Rat apprécie la chaleur du foyer. Devenu grand, il s'occupera de ses parents.
- Le parent est affectueux et conscient de l'importance de la famille. Il comble les êtres chers.
- L'amoureux est aussi sentimental qu'il est calculateur en affaires. Ce n'est pas un inhibé.
- L'enseignant est loquace et efficace. Il exige de l'attention et de l'initiative. Il n'a pas la langue dans sa poche.
- En affaires, le Rat est très fin limier. Si on s'associe à lui, il faut définir les rôles de chacun.
- Le patron est exigeant. Il vous écoute si vous l'écoutez et ne déteste rien de plus que la paresse.
- L'ami ou le collègue est attentionné et chaleureux. Il s'attend à une alliance forte. Il est drôle et bon vivant.
- L'ennemi est redoutable.

Ce qu'il représente

Pour les Japonais, le Rat est le protecteur: il est le dieu de la bonne fortune et de la richesse. Pour les Chinois, il est aussi le symbole de l'abondance. La naissance d'un natif de ce signe est vécue comme un présage heureux.

Les éléments

Le Rat de Métal est idéaliste, sentimental et parfois intransigeant. L'élément Métal peut lui donner un caractère dur. Ce natif est un être entier.

Le Rat d'Eau est séduisant et calculateur. L'élément Eau, en relation avec la sensibilité et les émotions, lui confère l'art de l'accommodement.

Le Rat de Bois est travailleur, compétent et honnête. L'élément Bois favorise chez lui l'expansion et l'épanouissement, le bonheur et la générosité. Le natif peut s'inquiéter pour l'avenir. Il oublie parfois qu'il est chanceux.

Le Rat de Feu est indépendant, énergique et généreux. L'élément Feu le pousse à s'extérioriser. Ce natif est le plus chevaleresque et le plus énergique des natifs du Rat.

Le Rat de Terre est persévérant et talentueux. Il atteint son but. L'élément Terre renforce son sens de la réalité et son esprit pratique. Le natif est un possessif, attaché aux biens matériels. Il est également calculateur et rationnel.

Harmonies et conflits

++ Le Rat est un actif qui aime les actifs : le Dragon et le Singe. Ces trois signes innovent et prennent des initiatives. Ils peuvent aussi être impatients. Le changement ne leur fait pas peur. Le Rat et le Singe se dominent à tour de rôle. Le Rat et le Dragon marchent vers le succès.

\+ Le Rat s'entend bien avec le Buffle. Ils se respectent. C'est une relation sous le signe de la fidélité.

– Le Rat et le Cheval ont le plus souvent des relations tendues. Ils ne voient pas les choses de la même manière. L'indépendance du Cheval inquiète le Rat, qui aime bien la sécurité.

Prévisions pour le Rat

Lorsque tu ne sais pas où tu vas,
regarde d'où tu viens.

Proverbe africain

Du 3 février 2011 au 22 janvier 2012

En cette année 2011, vous voudrez résoudre certains problèmes, construire sur du solide, organiser tout ce qui mérite de l'être et concrétiser vos projets. Vous êtes d'un naturel réaliste et le cycle que vous abordez exige le sens des réalités et vous donnera le goût de bâtir quelque chose de durable, qu'il s'agisse de vos relations ou de l'organisation de votre vie. Selon la situation où vous vous trouvez, vous pourriez fonder un foyer, avoir un enfant, emménager dans un nouveau lieu ou commencer une activité exigeant une forme d'engagement à long terme. Vous serez intéressé par ce qui débute. Dans tout ce que vous aborderez, vous aurez l'impression que les racines sont de première importance. Par exemple, vous pourriez renouer avec des gens que vous avez connus dans votre enfance, aller au cœur d'un problème pour le résoudre enfin, rencontrer une personne qui vient du même patelin que vous... Vous n'aurez pas beaucoup d'attirance pour ce qui est superficiel.

Au cours des prochains mois, vous serez en mesure d'évoluer considérablement sans qu'il y paraisse. Plus attentif aux conflits, plus présent à ce qui ne va pas, vous pourriez vous heurter à certaines personnes. Pensez à ce qui vous tient le plus à cœur et demandez-vous ce que vous souhaitez vraiment réaliser. Établissez vos objectifs, mettez vos idées en ordre et attelez-vous au travail; vous serez d'une efficacité remarquable.

Vous aurez du cœur à l'ouvrage dans tout ce que vous aborderez et vous pourrez résoudre toutes les difficultés tant vous serez tenace. En fait, tout obstacle vous apparaîtra clairement et vous serez capable d'en venir à bout.

Vous pourriez également être beaucoup plus casanier que vous ne l'êtes habituellement et vous serez plus porté à recevoir les amis et la famille qu'à sortir et à leur rendre visite. Vous aurez peut-être un peu moins de relations, mais elles seront plus profondes.

Par ailleurs, on pourrait vous contredire avec plus de vigueur que pendant les dernières années; certaines personnes vous obligeront à réfléchir et à dire clairement ce que vous pensez. Si certains conflits semblent vouloir perdurer, votre sens pratique se mettra en éveil et vous abandonnerez peut-être le bateau. Eh non, du côté des négociations avec les autres, ce ne sera peut-être pas une année facile, car vous n'aurez pas le cœur à hésiter. Faites selon votre talent: négociez plutôt que de vous raidir, vous êtes capable de souplesse, même si vous ne le laissez pas toujours paraître.

Vos amours

Vous serez très attentif à la personne que vous aimez, et si celle-ci n'aime pas trop sortir, elle sera ravie car vous serez vous-même plutôt casanier. Par ailleurs, si vous êtes en couple avec une personne très sociable, il est possible qu'il y ait des frictions et que vous deviez faire quelques efforts.

Votre romantisme ira en dents de scie: parfois tendre, parfois brusque, parfois à l'écoute, parfois totalement dans votre bulle, vous ne serez pas tous les jours facile à suivre. D'une certaine manière vous affirmerez votre identité et vous ferez davantage voir vos besoins.

Vous ne donnerez pas tout, vous ne vous sacrifierez pas, mais vous serez ouvert, capable d'écoute, de soutien vrai et surtout d'enthousiasme si vous êtes à un stade de construction de votre vie de couple. Tout de même, gardez en tête de respecter un besoin de tranquillité et de *cocooning* plus grand qu'habituellement.

Si vous n'avez pas encore appris à respecter vos besoins de repos et de solitude, prenez la décision, dès le début de l'année, de ne plus aller au-delà de vos forces.

Votre condition physique et votre condition psychique seront plus que jamais liées cette année ; autrement dit, si vous êtes fatigué, vous vous impatienterez pour un rien, ou encore vous ne serez plus tout à fait vous-même. Ce qui sera vraiment bien, c'est que vous parlerez simplement et honnêtement de ce que vous ressentez.

C'est dans les gestes du quotidien que vous vous retrouverez facilement et avec le plus de plaisir. S'il y a des mésententes, si vous différez d'opinion sur certains sujets importants, prenez le temps d'en parler, et vous trouverez à deux la solution à bien des ennuis.

La véritable intimité est celle qui permet de rêver ensemble des rêves différents.

Jacques Salomé

Célibataire ? Vous pourrez songer à vous engager dans une relation stable. Vous êtes peut-être mûr pour une union durable ; y avez-vous pensé ? Même si vous ne faites pas les choses tout à fait comme les autres, même si votre union prend une tournure plus amicale qu'amoureuse au début, c'est peut-être simplement là ce qu'il vous faut. Choisissez le chemin qui vous ressemble, ne tentez pas de vous conformer aux idées reçues ; c'est en étant intègre avec vous-même que vous découvrirez le plus de bonheur.

Si vous avez des enfants avec la personne aimée, vous serez d'humeur très familiale et vous mettrez beaucoup d'énergie à améliorer votre vie commune. C'est une très bonne année pour vos liens familiaux en particulier.

Cœur attention !

Vous pourriez manquer d'un certain romantisme ou ne pas vous préoccuper assez de faire plaisir à la personne que vous aimez. Prenez soin de ne pas oublier les petites surprises.

Cœur atout !

Bonne période pour construire une relation durable.

Un projet commun aura de bonnes chances de réussite. Semez.

Vos activités

Si vous avez acquis passablement d'expérience dans un domaine, vous récolterez les fruits de ce que vous avez semé. Posez-vous des questions en début d'année sur les objectifs que vous souhaitez atteindre, faites des plans et agissez posément : tout viendra à point grâce à votre capacité de prévoir et d'organiser vos actions.

L'an passé, vous aviez certainement le vent dans les voiles et des idées plein la tête ; cette année, il sera temps de considérer l'aspect pratique de vos projets. Vous pourriez avoir un certain succès si vous travaillez à deux ou en équipe. Surtout, ne prenez pas vos décisions seul et écoutez les conseils que l'on vous donne. Joignez-vous à une équipe après avoir mesuré les forces de chacun ; vous feriez un très bon *leader*.

En matière de communication, vous serez relativement habile et également intéressé par ce qui se passe dans votre environnement et par ce que pensent les gens de votre entourage. À l'affût de tout, vous apprendrez vite et tirerez des leçons de tous les événements. Votre force sera dans votre capacité d'apprentissage, et encore plus dans votre capacité de concrétiser tout projet. Pour ce qui est de la qualité de votre écoute, vous devrez faire un effort pour prendre le temps de bien entendre les autres.

Vous pourriez obtenir une aide précieuse de la part d'un proche, d'un collègue ou d'un patron avec qui vous avez des affinités. Entendez ce que les gens qui vous inspirent confiance ont à dire, vous trouverez grâce à cette ouverture des idées et des moyens de réaliser ce qui vous intéresse.

Sachez tout de même que malgré une bonne énergie, vous aurez besoin de vous retirer dans votre petit nid douillet assez souvent. Ne travaillez pas trop, prenez des jours de congé quand cela sera possible, cultivez le calme et vous ne serez pas trop essoufflé durant le dernier trimestre, au moment où parfois on manque d'énergie.

Les patrons, les collègues et les associations

Vous aurez de bonnes relations avec tout un chacun cette année, mais vous devriez, autant que faire se peut, fuir toute personne qui chercherait à établir son autorité sur vous. Vous vous entendrez avec vos patrons à condition qu'ils usent de bon sens. Patron ou patronne vous-même ? C'est par une communication stable, honnête et respectueuse que vous serez vraiment compris.

Du côté des collègues, il n'y a rien de bien difficile à l'horizon. Vous pourriez enseigner certains de vos savoirs. Si des personnes vous ennuient beaucoup, votre capacité de régler un conflit ne sera pas des plus fortes, donc éloignez-vous autant que possible.

Si vous êtes associé, vous vous sentirez souvent messager cette année. Vous serez à tout le moins vraiment en mesure d'expliquer à chacun ce que pense l'autre.

Votre sens de l'organisation sera à toute épreuve et vous aurez le cœur sur la main, surtout s'il s'agit de donner des soins à des gens démunis. Quelles que soient vos occupations, soyez tout de même attentif à ce qu'on n'abuse pas de vos forces.

Une ou deux clés dans vos activités

Votre esprit terre à terre (dans le bon sens du mot) vous garantira la réussite dans tout projet qui vous tient à cœur, particulièrement s'il s'agit d'une activité ayant trait à des objets concrets.

L'argent et les biens

En ce qui touche les gains et votre situation financière personnelle, les mois à venir devraient être stables étant donné le réalisme dont vous ferez preuve. Si vous gardez votre sens pratique et fuyez toute forme d'illusion, vous verrez que tout se déroulera comme prévu. Vous vous intéresserez davantage aux questions matérielles, en particulier d'achat et de vente. Comme c'est votre habitude (si vous êtes un natif du Rat de type classique), vous ferez les efforts nécessaires pour économiser là où cela est possible.

Apprenez mieux de quoi il retourne à propos de certaines questions matérielles et vous serez content d'ici quelques mois des pas que vous aurez faits. N'oubliez pas que l'on peut toujours apprendre, même quand on en sait déjà beaucoup.

Vous vous découvrirez peut-être une plus grande générosité cette année et vous aurez envie de donner beaucoup à vos proches, surtout si vous sentez qu'ils manquent de quoi que ce soit.

Vous pourriez aussi être tenté de vendre ou d'acheter un bien immobilier; ce sera une excellente période pour faire cela dans votre cas, car vous serez stimulé à la fois par le concret, par la sécurité et par vos proches que vous voudrez protéger. Si vous êtes parent de jeunes adultes, vous pourriez leur donner un coup de main pour un tel achat.

Soyez sûr de recevoir ce qui vous est dû, réclamez-le si cela n'est pas le cas.

Une ou deux astuces pour augmenter votre pécule

Vous pourriez investir dans l'achat d'un bien immobilier.

Intéressez-vous de près à vos finances personnelles à l'automne.

La forme, la santé, les loisirs

Voici une bonne année pour vous remettre en forme: vous serez plus actif que dans les derniers mois et vous aurez le désir de paraître bien et surtout de vous sentir bien dans votre peau. Par ailleurs, comme vous serez probablement assez casanier, vous voudrez peut-être vous organiser pour faire des exercices à la maison. Si cela ne vous tente pas ou si c'est impossible, pensez à prendre un abonnement dans un centre sportif près de chez vous ou à organiser une activité de marche (ou autre) dans votre voisinage. En vous dépensant physiquement, vous aurez davantage d'énergie. Toute activité qui vous donnera l'occasion d'embellir votre demeure tout en exigeant une dépense physique de votre part sera bonne pour vous : lancez-vous !

Vous êtes les épicuriens du zodiaque chinois, c'est-à-dire que vous vous organisez toujours pour avoir un quotidien plaisant, ce qui fait que votre vie est souvent très confortable, d'une belle qualité et vous pourrez en profiter à fond dans les prochains mois.

Du côté des loisirs, tout ce qui touche votre demeure ou les lieux d'habitation vous intéressera. Certains parmi vous s'adonneront à des activités de détente, par exemple des techniques de méditation, de massothérapie ou de psychothérapie. Comme vous continuerez d'être un bon vivant, de nouvelles approches culinaires pourraient retenir votre attention. On peut se détendre par l'activité, vous le constaterez cette année.

Côté santé, le goût de la bonne chère pourrait vous coûter un peu. Gardez du temps pour vous seul, car vous aurez un côté solitaire cette année et vous ne vous ennuierez pas en votre propre compagnie.

L'amitié

En amitié, cultivez les amitiés de voisinage. Vous ferez aussi des rencontres au travail et dans vos loisirs. Partagez des intérêts, il n'y a rien de tel pour rapprocher les gens. Ce n'est pas une année de changement en ce qui concerne vos amitiés et vous serez davantage porté à cultiver l'intimité que les relations sociales. En clair, vous verrez peu d'amis, seulement les meilleurs !

La famille

Du côté de la famille, vous serez dans un état d'amour profond cette année. Vous aurez des contacts fréquents avec parents et enfants. Tout ce qui touche l'intimité vous touchera et vous serez attentif aux besoins de chacun. Si votre intimité amoureuse va parfois en dents de scie, vous ne vous en ferez pas trop et vous serez surtout porté à préserver l'équilibre de la famille. Cette part de la vie vous tiendra très à cœur, faites simplement attention de conserver l'équilibre et de respecter les besoins de liberté de chacun.

Ce qu'on aimera de vous cette année

On appréciera fortement votre sens pratique, votre esprit de famille et votre tendresse. Pour tout projet concret, vous saurez faire évoluer les choses dans le bon sens.

Votre défi

Restez ouvert aux autres. Il peut vous arriver de ne plus entendre ce que vos proches pensent : si vous changez d'attitude, ce sera rapidement bénéfique.

L'année selon votre élément

Si vous êtes né Rat de Métal

C'est une bonne période pour prendre davantage confiance en vous. Même si vous êtes naturellement porté à vous faire confiance, vous approfondirez cette part de votre personnalité durant les mois qui viennent. Ainsi, vous comprendrez qu'il est inutile de prouver aux autres quoi que ce soit. Cela vous détendra beaucoup. Vous vivrez une année harmonieuse. Ce que vous désirez s'accomplira par un travail lent, souterrain, patient... À la fin de l'année, vous prendrez conscience que, mine de rien, pas mal d'eau a coulé sous les ponts. On ne nage jamais deux fois dans une même eau : vous le vérifierez. Une année de paix intérieure et extérieure.

Si vous êtes né Rat de Feu

Vous serez un élément rassembleur au sein de votre groupe d'amis ou de votre famille durant les prochains mois. Vous serez la personne qui facilite tout, qui comprend les gens, qui écoute... Intérieurement, vous vous poserez peut-être des questions sur le futur ; si c'est le cas, ne pressez pas les réponses, elles viendront quand elles viendront, c'est tout. Très vif intellectuellement, vous aurez tendance à ne pas écouter les autres parce que vous comprendrez presque avant eux ce qu'ils cherchent à vous dire. Ralentissez un peu, au moins une fois de temps en temps. Un projet sera complété : votre sens de l'organisation sera des plus efficaces.

Si vous êtes né Rat d'Eau

Votre charme pourrait continuer d'opérer cette année, mais vous vous poserez tout de même des questions sur cette propension à désirer beaucoup d'attention. Cela vous deviendra moins nécessaire, car vous penserez à autre chose. Vos projets auront tout votre intérêt, qu'ils soient intimes ou professionnels. En vous concentrant sur vos activités, vous constaterez que vous êtes capable d'abattre pas mal de boulot. Dans vos relations intimes, vous serez sur un mode réflexif et vous serez plus à l'écoute, ce qui facilitera vos relations et votre vie en général.

Si vous êtes né Rat de Terre

Ce serait une bonne année pour emménager dans un nouveau lieu pour faire des changements en ce qui concerne votre habitation. Vous serez intéressé par tout ce qui touche la vie quotidienne, en particulier par ses détails. Vous pratiquerez un bel art de vivre, vous cultiverez les petites joies, vous ne viserez rien de grandiose, mais à force de petits changements, vous en arriverez peut-être à réaliser que vous modifiez ainsi beaucoup votre vie. Vous apprécierez au-delà de tout la stabilité. Les drames ou les grands sentiments exacerbés, très peu pour vous. Vivre davantage en contact avec la nature vous ferait le plus grand bien. Vous pourriez voyager ou vous préparer à le faire.

Si vous êtes né Rat de Bois

D'un naturel sociable et tendre, vous vous entendrez avec tous cette année et rendre la vie agréable autour de vous vous tiendra à cœur. Vous ne jugerez pas les gens, car vous comprendrez que chacun agit selon sa propre logique qui lui vient de son passé. Vos conseils seront toutefois appréciés. Les plus jeunes d'entre vous chercheront à se stabiliser et y arriveront moyennant des efforts assez légers, mais constants. Les autres se laisseront bercer par une vie plutôt douce. Si vous vivez quelques mésententes avec des proches, vous direz plus facilement ce que vous pensez et ressentez, et l'on s'expliquera en retour. C'est un moment pour communiquer, même sur des sujets moins faciles.

Au fil des mois

Janvier

Vous aurez à la fois le sens de l'organisation, un goût sûr et le sens du confort, donc ce serait le moment idéal pour faire des changements dans votre habitation. Vous serez dans un état d'esprit (et surtout de cœur) très chaleureux en cette période et les gens de votre intimité auront toute votre attention. Côté santé, vous pourriez éprouver le besoin de faire un régime pour avoir plus d'énergie. Sortez, allez au grand air, c'est surtout cela qui vous fera du bien. En ce qui concerne vos activités, vous vous sentirez utile en rendant service aux autres. Si vous vous sentez parfois anxieux en cette période, prenez simplement le temps de vous détendre en regardant un bon film, en écoutant de la musique ou en préparant un bon petit repas. La vie familiale sera cordiale, la vie à deux, peut-être un peu tendue ; mettez-y de la douceur.

Février

Vous serez énergique et en bonne forme physique si vous prenez le temps de vous détendre et de marcher au grand air régulièrement. Côté cœur, vous serez sentimental en cette période et si vous n'êtes pas amoureux, vous ressentirez plus vivement la solitude. Autrement, réjouissez-vous de votre état et assurez-vous que l'ambiance est plaisante avec l'être aimé en préparant quelques soirées spéciales. En matière de finances, votre situation sera stable, mais vous réaliserez peut-être que la vie coûte cher. Votre attitude avec les gens sera plus paisible, ce qui favorisera tous les contacts. Si vous sentez la nécessité d'une discussion délicate avec un proche, patientez et attendez le bon moment. Moins sociable qu'habituellement, vous n'aurez rien contre l'idée de faire quelques activités en solitaire.

Mars

Ordre et organisation pourraient être les mots des prochaines semaines. Vous sentirez le besoin d'embellir votre environnement. Si vous en avez le temps, faites quelques changements à la maison ou sur votre lieu de travail, vous vous trouverez ensuite mieux dans votre espace. Pour votre santé, faites de longues randonnées, ou même du ski, votre corps profitera pleinement de la vie au grand air. Au travail, vous agirez très franchement et peut-être un peu abruptement. Vous pourriez être agacé par les gens qui ne fonctionnent pas comme vous. N'exigez pas des autres ce qu'ils ne peuvent donner. Et, à moins que ça ne soit votre responsabilité, ne vous mêlez pas trop « d'organiser » tout le monde. Bonne période pour faire un régime alimentaire, vous aurez la volonté qu'il faut. Côté cœur, restez patient.

Avril

Durant les prochaines semaines, vous aurez besoin de bouger beaucoup pour être en forme. Faites du sport ou des balades, car autrement vous vivrez des tensions. Ce mois-ci vous aurez une forte énergie, ce qui vous rendra actif et vous donnera le goût de vous affirmer; mais cela pourrait aussi vous faire réagir fortement. En ce qui concerne vos communications avec tous, elles continueront d'être bonnes et vous serez ravi de la qualité de vos contacts avec les gens. Vous vous intéresserez davantage aux gens qui viennent de loin, aux étrangers, qu'aux personnes trop liées à votre quotidien. Plus ambitieux et plus décidé à réussir un projet, vous comprendrez à quel point un travail assidu peut vous faire avancer. Faites valoir vos talents par l'action et ayez confiance en vous-même; vous aurez de bons ingrédients pour atteindre votre but. Vie du cœur tranquille et sans grands remous. Cultivez la sérénité et ouvrez votre cœur, tout se passera bien et simplement.

Mai

En amour, vous pourriez vivre quelques difficultés de communication au début du mois, mais tout rentrera dans l'ordre assez rapidement. Ne balayez pas vos problèmes sous le tapis, mais ne les ressassez pas non plus. Si votre partenaire souhaite une chose et que vous en souhaitez une autre, prenez le temps d'en parler tranquillement et vous trouverez des solutions. Même chose avec toutes les personnes de votre entourage: visez les réconciliations, les conversations, les explications. Au travail ou dans vos activités, vous pourriez être occupé en cette période et obligé d'accepter des demandes pressantes. Essayez de faire l'équilibre entre la routine et la nouveauté: vous apprécierez tant l'une que l'autre. Délaissez une de vos activités de manière à garder du temps pour vous reposer et vous détendre. Il ne sert à rien de trop vouloir en faire. Vous pourriez exécuter des réaménagements heureux dans votre habitation.

Juin

La chance pourrait vous sourire en amour. Vous serez en forme et rempli de joie en cette belle saison, cela transparaîtra et vous plairez. En couple, vous pourriez vivre une deuxième lune de miel, et ce sera une bonne idée de passer du temps ensemble. Si vous pouvez vous offrir une escapade en amoureux, saisissez l'occasion. Avec les enfants, vous serez d'humeur compréhensive, mais ils pourraient tout de même vous donner un peu de fil à retordre. Si vous n'êtes pas parent, vos amis pourraient vous sembler exigeants en cette période. Dans vos activités, vous aurez des idées ingénieuses et imaginatives que vous pourrez mettre en application grâce au soutien de votre réseau. En matière de finances personnelles, prenez garde à vos affaires. Soyez méthodique et vigilant. Rendez service, car en étant utile vous serez de meilleure humeur.

Juillet

Vous serez l'amoureux le plus chaleureux en cette saison, mais vous serez peut-être aussi très possessif et il faudra essayer de ne pas prendre la personne que vous aimez pour une chose qui vous appartient. Faites des gestes concrets qui expriment vos sentiments, mais n'ayez pas d'attentes irréalistes. Si vous êtes célibataire, vous pourriez vivre un coup de foudre. Vous saurez communiquer facilement avec les gens et vous aurez tendance à les écouter attentivement, ce qui facilitera la compréhension. Dans vos activités, vous pourriez démarrer un nouveau projet. À la maison, si vous êtes tenté de faire des changements, c'est un bon moment. Période propice à toute réorganisation : avant de partir en vacances, faites les préparatifs nécessaires pour la rentrée ; ainsi, vous ne serez pas essoufflé à l'automne.

Août

Vous serez aux petits soins pour les gens que vous aimez, vous les choierez, vous leur ferez plaisir. Vous saurez également régler les questions d'argent et serez en mesure de voir comment dépenser le moins possible, tout en ne vous privant pas de petits plaisirs. La famille sera présente en cette période. Si vous vivez quelques jours d'instabilité, ne vous en faites pas, car cela passera bien vite. Les courts voyages vous feront le plus grand bien, vous aimerez partir quelques jours, et surtout vous aurez besoin de mouvement pour être en parfait accord avec vous-même. Rendez visite à la famille, les frères et sœurs en particulier.

Septembre

Vous serez remarquablement habile durant les prochaines semaines. Côté cœur, ce sera la forme exceptionnelle et vous irez droit au cœur de ce que vous désirez. En matière de finances personnelles, vous vous débrouillerez bien. Côté communications, vous aurez tendance à parler à tort et à travers et à laisser les mots dépasser votre pensée. Essayez de tourner votre langue sept fois dans votre bouche avant de parler. Dans vos activités, vous risquez d'être dans la lune et d'oublier certaines choses importantes. Si l'on s'en plaint, ressaisissez-vous, mais quoi qu'il en soit, ne prenez pas la vie trop au sérieux. Faites de votre mieux, mais n'en devenez pas perfectionniste. Vous pourriez enfin recevoir des nouvelles d'une personne qui vit au loin.

Octobre

Vous serez les voyageurs du zodiaque chinois ce mois-ci et si vous n'êtes pas en voyage, vous vivrez tout sous le mode exploratoire. Aux études, au travail ou dans toute autre activité, vous vous distinguerez à la fois par votre curiosité, votre capacité de synthèse et votre manière de considérer les situations en pensant au long terme. Côté cœur, si vous n'êtes pas le compagnon ou la compagne de quelqu'un qui a une culture différente de la vôtre, vous pourriez être tenté de vous évader par le rêve ou par un sentiment secret. Vous serez fortement attiré par tout ce qui vient de loin. Vous aurez aussi tendance à idéaliser les situations et à vivre sur un nuage, mais cela vous fera du bien plutôt que de vous nuire. C'est une bonne période pour vous connaître mieux et pour élargir vos horizons. Vous resterez tout de même réaliste sur le plan de vos finances personnelles. Si un membre de votre famille vous manque, pourquoi ne pas vous rapprocher?

Novembre

Vous serez tout à la fois méthodique, altruiste et en questionnement ce mois-ci. Quelque chose en vous aspirera à changer. Vous souhaiterez vivre autre chose en ce qui concerne vos activités quotidiennes. Peut-être est-il temps de voir ce vers quoi vous pourriez aller dans les prochains mois? Il n'est pas aussi difficile que l'on pense de choisir ses défis. Cela dit, vous ne serez pas à l'abri des obstacles et il faudra rester calme et planifier vos pas de manière à atteindre vos objectifs en ne parlant pas trop de vos idées. En matière d'argent, la chance vous sourit tout le mois et plus encore. Vous ferez des gains inespérés. Côté cœur, vous aurez du plaisir avec votre partenaire si vous partagez des points communs en ce qui touche vos loisirs. De même, vous pourriez vous entendre bien avec une personne qui a des goûts qui ressemblent aux vôtres. Vous serez heureusement surpris de la chaleur des gens que vous côtoyez.

Décembre

Vous aurez le goût de vous intéresser aux autres et peut-être de donner une part de votre temps pour une cause sociale. Côté cœur, vous vivrez des moments de plénitude et de joie en cette période et vous vous rapprocherez de la personne que vous aimez. Vous aurez une énergie très positive dans les associations et une manière de communiquer avec les gens qui rendra simple ce qui pourrait être compliqué. En matière d'argent, vous vous organiserez pour ne pas trop dépenser : vous arriverez à être généreux tout en étant économe. Vous pourrez recevoir car vous aurez le cœur à cela. Une tendance à être discipliné vous quittera vers la fin du mois. Faites des activités à l'extérieur en compagnie d'amis ou de la famille, cela vous rendra de bonne humeur.

Le Buffle

Buffle de Bois : du 25 janvier 1925 au 12 février 1926

Buffle de Feu : du 11 février 1937 au 30 janvier 1938

Buffle de Terre : du 29 janvier 1949 au 16 février 1950

Buffle de Métal : du 15 février 1961 au 4 février 1962

Buffle d'Eau : du 3 février 1973 au 22 janvier 1974

Buffle de Bois : du 20 février 1985 au 8 février 1986

Buffle de Feu : du 7 février 1997 au 27 janvier 1998

Buffle de Terre : du 26 janvier 2009 au 13 février 2010

Vous êtes... équilibré, tenace et travailleur.

On admire votre courage, votre loyauté et votre sincérité. Vous savez ce que vous voulez et vous l'obtenez souvent. Ce qui fait votre marque de commerce? La stabilité.

La personnalité du Buffle

Le Buffle est le serviteur de l'intégrité et du droit chemin ; c'est un coureur de fond, un être courageux, qui sait construire solidement tout ce qu'il entreprend. Il voit loin et à long terme. C'est un lent qui prend le temps de considérer tous les aspects d'une question avant d'agir. Sa persévérance et sa patience ne font pas de doute. C'est aussi un être généralement cultivé, souvent même un autodidacte. On le dit également individualiste, solitaire et doté d'une morale à toute épreuve. Il aspire à la sagesse tout en étant matérialiste. Ses valeurs sont traditionnelles ; il peut manquer de fantaisie, mais il a un bon équilibre intérieur. On dit qu'il a autant de mémoire qu'un éléphant et que son esprit d'analyse et de synthèse se développe avec le temps.

Au travail, aucun obstacle ne rebute le Buffle. Résolu, il n'a pas peur de l'adversité. Son endurance et sa persévérance en font un des meilleurs travailleurs du zodiaque chinois. Ayant le plus souvent une bonne résistance psychique et physique, il peut exceller dans tous les domaines. De toute façon, il est à l'aise partout, pourvu qu'il y ait du pain sur la planche. Très organisé, il atteint ses buts et il ne compte que sur ses propres forces. Heureusement, il a un sens pratique à toute épreuve. Il n'aime pas prendre des décisions sans avoir fait le tour d'une question. Il adore faire des plans et n'agit qu'après une minutieuse préparation.

Son intelligence est analytique et il préfère ce qui est concret et précis à de vagues intuitions. En tout, il a besoin de garanties fermes et de respect de la part des collègues, des patrons et des employés. Ce n'est pas non plus un innovateur, il est plus efficace dans la continuité et dans la tradition que dans le changement. On l'admire pour sa fermeté et sa droiture. Une collaboration avec un natif du Buffle demande de se ranger résolument à ses côtés: ce sera à vous de changer et non à lui. La communication et la négociation ne sont pas sa force et il a avantage à s'entourer de gens qui expriment facilement leurs convictions. Il a des qualités de chef, mais il peut se montrer exigeant et intransigeant sur des questions ayant peu d'importance: il a parfois des idées fixes dont il ne démord pas. De plus, il ne délègue pas facilement. Malgré son assiduité, il n'est pas tellement attiré par le pouvoir et peut très bien se contenter d'être un excellent second ou de faire partie d'une équipe. C'est un être dévoué qui assume souvent plus que sa part de responsabilités. Sa grande force naturelle inspire confiance.

En matière d'argent, étant donné sa nature posée, on pourrait le croire économe; pourtant, il ne le devient qu'avec le temps et l'expérience. En réalité, l'argent lui sert à se consacrer à ses travaux sans s'en faire. Il peut se restreindre quand c'est nécessaire; à long terme, il n'éprouve généralement pas de problèmes financiers. N'étant pas avide, il n'a pas de désirs impossibles à réaliser. En fait, c'est un être frugal de nature.

Du côté affectif, le Buffle est stable, honnête et loyal. On le dit aussi sélectif. Il aime beaucoup expliquer ce qu'il connaît et partager ses découvertes. Il est également très discret et l'on peut se confier à lui sans aucune inquiétude. Il a une grande force d'âme et protège toujours ses proches. Mais il est possible qu'il ait peu d'amis, car il n'a pas un caractère très sociable. En famille, il est ultra-responsable et ne néglige pas de prendre soin de ses proches. Il a un côté dominateur.

En amour, c'est un sensuel, très attaché au confort et à son bien-être. Du point de vue sentimental, il est pudique. Il peut vivre en célibataire, s'il ne rencontre pas l'âme sœur. Il n'a pas tendance à s'engager dans des relations passionnelles ou déséquilibrées. Quand il s'engage (ça peut être long), c'est pour la vie! Il honore toujours ses promesses. La femme a l'air d'une dure à cuire; en réalité, elle est plutôt vulnérable. Elle a un bon sens pratique et si elle se marie, elle s'occupe de ses proches comme pas une. En toute circonstance, elle donne ce qu'elle a de mieux.

L'homme parle franchement. C'est un grand réalisateur. Il est bon et stable.

Ce qu'il doit apprendre : perdre une fois de temps en temps n'est pas la fin du monde !

Ses rôles

- L'enfant est autonome et responsable. Il veut plaire à ses aînés.
- Le parent est exigeant et responsable. Il a l'esprit de famille.
- L'amoureux est réservé, mais intense et dévoué. La confiance compte par-dessus tout à ses yeux. Il recherche la stabilité et l'harmonie, mais il devine mal les malaises.
- L'enseignant est rigoureux, vif et protecteur.
- En affaires, le Buffle est honnête et industrieux. Il ne s'associe pas à la légère.
- Le patron tolère mal les baisses de productivité. Plutôt avare de compliments, il est pourtant un bon chef.
- L'ami ou le collègue est sélectif et très fiable. Être son ami, c'est pour la vie.
- L'ennemi pardonne difficilement, ne montre pas ses blessures. Le Buffle est mauvais perdant.

Ce qu'il représente

Le Buffle est symbole de force tranquille, de courage et de persévérance. Il résiste à tout. Il a longtemps été l'animal des labours et des récoltes. Pour les Chinois, il symbolise avant tout la sagesse : celui qui travaille dans la paix et pour la paix. Il était la monture de Lao-tseu, le grand philosophe chinois à l'origine du taoïsme.

Les éléments

Le Buffle de Métal est prudent, constant, calculateur, rationnel, éloquent et sûr de lui. L'élément Métal donne au Buffle des nerfs d'acier et une grande détermination.

Le Buffle d'Eau est calculateur et aussi tenace que souple. Il peut se concentrer sur plusieurs tâches à la fois. L'élément Eau confère au natif de la patience et un esprit très aigu.

Le Buffle de Bois est plus innovateur et adaptable que les autres natifs du Buffle. L'élément Bois favorise chez lui l'expansion et l'épanouissement, le bonheur et la générosité.

Le Buffle de Feu est franc, sûr de lui et maître de lui-même. L'élément Feu le pousse à s'extérioriser, mais il peut aussi le rendre excessif. Ce Buffle voudra diriger.

Le Buffle de Terre est réaliste, loyal et décidé. L'élément Terre renforce son sens de la réalité et son esprit pratique. Le natif déteste perdre ce qu'il a conquis.

Harmonies et conflits

++ Le Buffle s'entend particulièrement bien avec le Coq et le Serpent : tous trois réfléchissent avant d'agir. Leurs décisions et leurs choix sont basés sur des facteurs rationnels. Le Buffle et le Coq travaillent, travaillent et travaillent encore. Le Buffle et le Serpent trouvent le bonheur ensemble.

\+ Le Buffle et le Rat s'entendent bien. Ils peuvent aisément poursuivre un même but. Ils ont peu de grands besoins et perçoivent l'argent de la même façon. Le Buffle et le Lièvre font une association solide : le premier apporte la stabilité ; le second, l'imagination.

– Le Buffle ne s'entend pas avec la Chèvre. La frivolité de cette dernière le heurte. Le Buffle vit de faits ; la Chèvre, de fantasmes et d'instinct. Ils n'ont pas le même rapport avec les sentiments, l'argent, le travail ; bref, tout les sépare.

Prévisions pour le Buffle

Tu dois vivre dans le présent,
te lancer au-devant de chaque vague,
trouver ton éternité à chaque instant.

Henry David Thoreau

Du 3 février 2011 au 22 janvier 2012

Misez sur la qualité de votre communication avec les gens que vous côtoyez et vous verrez que tout se simplifiera cette année. Vous serez essentiellement intéressé aux autres et à vos rapports avec eux. Il deviendra primordial de créer des liens avec les gens sur une base sincère et à long terme. Si vous désirez vivre des relations chaleureuses, exprimez-le, car vous en aurez les capacités et la patience. Si vous souhaitez voir évoluer votre carrière, vous communiquerez avec les gens sur cette base. En début d'année, prenez le temps de réfléchir à ce que vous voulez et vous transmettrez au mieux votre pensée et vos objectifs. Les liens avec tout votre entourage sont sur une voie montante. Vous serez ouvert d'esprit et loquace, ce qui étonnera vos proches, car vous êtes habituellement d'un naturel réservé, du moins pour la plupart d'entre vous.

En 2011, ce que vous souhaitez deviendra clair et pas compliqué pour deux sous, et vous serez avec les gens que vous aimez la personne que vous êtes vraiment : sans masque, sans réserve, sans distance exagérée.

Privilégiez les voyages courts et les escapades de quelques jours, car vous n'aurez pas besoin d'aller loin pour être dépaysé. Par ailleurs, vous ne tiendrez pas longtemps en place, il vous faudra bouger pour être bien dans votre peau.

Si vous exercez un emploi qui vous donne l'occasion de bouger beaucoup, vous serez tout à fait heureux ; si, au contraire, vous êtes coincé dans un espace clos, dans un bureau par exemple, vous pourriez vous impatienter plus souvent qu'à votre tour. Dans ce cas, inscrivez-vous au gym ou prenez la décision de faire régulièrement de longues balades en ville ou en forêt.

Bougez et soyez attentif aux gens de votre entourage, aux personnes de votre intimité comme à celles que vous connaissez moins, et vous vivrez une année chaleureuse. Sortez aussi, même si vous craignez parfois la fatigue : on oublie vite cette fatigue une fois qu'on est en bonne compagnie. Vous serez particulièrement sociable et tenté de parler de toutes sortes de sujets durant les prochains mois. Laissez-vous aller, ça ne vous fera que du bien.

Vos amours

Cette année pourrait être à marquer d'une pierre blanche si vous vous tenez tout près de votre cœur, si vous ne vous éloignez pas de vous-même et de la personne aimée. Premièrement, veillez sur vous-même un peu comme vous veilleriez sur votre enfant ; deuxièmement, veillez sur la personne aimée comme sur la personne la plus précieuse du monde. Vos amours s'épanouiront dans la confiance et dans les longues conversations. Vous aimerez discuter de tout et de rien, même si de l'extérieur cela semble parfois tourner au vinaigre. Vous apprécierez aussi les voyages à deux.

Assez calme, vous serez à l'aise et bien dans votre peau si vous vivez un quotidien harmonieux. Vous fuirez les conflits. Cela dit, il vaudra mieux être attentif à ne pas être trop ancré dans vos habitudes, ce qui pourrait vous arriver une fois de temps en temps au cours des prochains mois.

*Il y a des fleurs partout,
pour qui veut bien les voir.*

Henri Matisse

Si vous êtes célibataire et que vous désirez en changer, dites-le à vos proches (eh oui, vous pourriez rencontrer une personne qu'on vous présentera), et jetez un coup d'œil du côté du travail ou de vos activités (là où vous passez pas mal de temps). Vous serez parfaitement content si une relation intime grandit lentement et si vous ne vous sentez pas trop bousculé. Vous continuerez d'être passablement rêveur cette année, mais certains parmi vous voudront réaliser leur rêve, surtout ceux qui souhaitent avoir des enfants ! Passez à l'acte, vous ne le regretterez pas.

En couple, vous serez souple, mais vous apprécierez les remises en question, l'action et les discussions, ce qui mettra du piquant dans votre vie. Toutefois, cela pourrait vous fatiguer un peu au cours de l'année, et surtout fatiguer l'être aimé. Essayez de garder une certaine mesure dans votre besoin d'action et tout ira bien. En fait, c'est un bon cru pour les relations intimes, car vous prendrez la personne que vous aimez pour ce qu'elle est et rien d'autre. En plus, vous cultiverez aussi la camaraderie au sein de votre couple.

Vous n'aurez pas tendance à vous imaginer que les gens de votre entourage sont là pour vous satisfaire uniquement. Dépourvu d'égocentrisme, vous serez à l'écoute de l'autre. Recherchant l'équilibre, vous serez également capable de faire valoir votre point de vue avec délicatesse.

Si la personne aimée n'est pas dans d'aussi bonnes dispositions que ce que vous espérez, vous pourriez vous impatienter ; peut-être que dans ce cas il sera important de garder du temps pour les loisirs, les amitiés, le travail… Il faudra aérer vos amours tout en en prenant bien soin, et selon vos dispositions, vous avez toutes les chances d'y arriver.

Cœur attention !

Ne vous enlisez pas dans la routine, cela ne vous conviendrait pas.

Cœur atout !

- Vous serez guidé par les dieux dans toute conversation : parlez avec votre cœur.
- Votre tendresse s'exprimera à plusieurs reprises en toute simplicité. Vous aurez le sens de l'intimité.

Vos activités

En ce qui concerne votre travail et vos activités, 2011 sera sous le signe de la réussite si vous faites des efforts pour améliorer votre manière de discuter et de négocier avec les gens. En fait, ça ne vous demandera pas tant de volonté, car vous serez intéressé par cet aspect des choses. Sociable, avenant et sympathique, vous ferez de la place à l'amélioration et vous constaterez rapidement que grâce à une écoute attentive, tout se résout plus simplement. Vous vous questionnerez peut-être sur vos objectifs afin de voir de quelle manière, avec quels outils, vous les atteindrez avec un maximum de qualité. Changez de méthode et d'approche si cela vous paraît opportun. Planifiez autrement vos journées, donnez-vous plus de temps pour certaines activités, moins pour d'autres. Des gens influents dans votre sphère d'activité pourraient même vous aider. En osant parler de vos projets, vous obtiendrez des informations utiles.

Avec les gens de votre entourage, pensez toujours que les positions de pouvoir peuvent se modifier. Partez du principe que tout le monde mérite le respect, vous comme les autres, et vous ferez des pas dans la bonne direction.

Vous vous distinguerez aussi par votre sens des responsabilités et votre sérieux durant les prochains mois. Si vous essuyez quelques échecs, n'en faites pas un drame (du moins pas plus de quelques jours...) et souvenez-vous que lorsqu'une porte se ferme, une autre s'ouvre. Vous aurez toutes les chances d'améliorer votre situation soit au travail, soit dans vos activités au cours des prochains mois. Vous êtes en bonne position toute l'année pour décider de ce que vous souhaitez vraiment.

Les patrons, les collègues et les associations

Si vous êtes en position d'autorité, vous serez un excellent patron cette année, car vous serez attentif à chacun. Avec vous comme patron ou comme patronne, tout le monde sera sûr d'arriver à bon port. Avec vos propres patrons, vous serez capable d'une écoute juste, mais également de vous affirmer. Vous saurez répondre à ce qu'on attend de vous à moins que ça n'ait aucun sens.

Avec les collègues, vous aurez tendance à ne juger personne. Essayez de comprendre la position de chacun, car cela vous sera utile et pourra améliorer l'entente avec tous. Perspicace, vous saurez vous tenir à bonne distance de ceux avec qui vous avez moins d'affinités.

Du côté des associations, voilà une période de votre vie qui pourrait être particulièrement propice. Vous serez capable de vous entendre avec les gens, sans pour autant vous sentir pris dans leurs filets. Vous pourriez même vivre une nouvelle association très fructueuse.

Une ou deux clés dans vos activités

- Modifiez votre horaire de manière qu'il vous convienne mieux.
- Vous inquiéter pour le futur ne donnerait strictement rien : ne soyez pas trop attaché aux détails.

L'argent et les biens

L'année qui vient n'apportera ni chance ni malchance en ce qui concerne vos finances personnelles ; il s'agira simplement d'aller votre petit bonhomme de chemin, de rester vigilant, d'équilibrer les dépenses et les économies. N'en faites ni trop ni trop peu, et vous vous en tirerez honorablement.

Vos intérêts seront loin des gains supplémentaires, soit que vous ayez largement de quoi vivre, soit que vos projets vous éloignent de cette préoccupation.

Si vous sentez depuis plusieurs années que vous n'êtes pas rétribué de façon juste pour les efforts fournis, ce sera le moment de réfléchir plus à fond à cette question, et peut-être de voir ce qui, en vous-même et en raison des circonstances, vous empêche d'avancer à votre rythme. Discutez avec vos proches ou avec des gens qui s'y connaissent de manière à vous faire de nouvelles idées. C'est une année propice à l'élaboration de nouvelles approches, donc si vous sentez le besoin de faire des changements, c'est peut-être le moment.

Vous êtes réputé pour être économe et peu dépensier ; si c'est vraiment votre cas, vous remplirez votre bas de laine ; autrement, sachez que vous avez la possibilité d'agir sur votre vie.

Gardez en tête qu'en discutant avec des gens qui vous paraissent dignes de confiance, vous saurez faire évoluer votre manière d'agir pour atteindre une certaine stabilité.

Il est possible que vous dépensiez davantage que d'habitude pour améliorer votre vie quotidienne, ce qui sera une bonne idée. Il faut parfois voir de plus près à son confort, et pour cela des dépenses pourraient vous faire plaisir. Vous aurez le goût du beau et vous vous rendrez peut-être compte qu'il vous arrive de vous restreindre inutilement.

Une ou deux astuces pour augmenter votre pécule

- Concentrez-vous sur ce que vous voulez vraiment en début d'année, car c'est à ce moment-là que vous aurez le plus de volonté.
- Vous gérez bien vos avoirs, par nature. Donnez-vous le droit au plaisir aussi.

La forme, la santé, les loisirs

Apprendre vous apportera beaucoup au cours de cette année. Vous aurez l'esprit curieux et vif. Donc, si vous avez un peu de temps, n'hésitez pas à vous adonner à une nouvelle activité ou à un nouvel apprentissage, car cela vous procurera un ressourcement salutaire. Dans le cycle que vous vivrez, vous serez en mesure de vous dépasser et d'aller plus loin. Ainsi, vous prendrez confiance en vous et réaliserez que vous pouvez faire des choses qui vous semblaient jusqu'à aujourd'hui trop difficiles. Apprendre une nouvelle langue, par exemple, pourrait être une source de joie. Mieux vous débrouiller avec tous les outils des nouvelles technologies pourrait vous réjouir. Et, surtout, gardez en tête que vous aurez un maximum de bien-être si vous êtes entouré de gens avec qui vous pouvez discuter. Fuyez l'ennui, la répétition, les gens qui ne parlent que de leurs bobos.

Vous serez d'une grande efficacité quand il s'agira d'entrer en communication avec les gens qui vous entourent. Ce qui se fait dans votre milieu vous intéressera davantage et ce qui se passe très loin de chez vous vous attirera moins. Vous pourriez vous joindre à un groupe, mais ce serait un groupe de voisins ou de copains, ou même de gens de votre famille. Ne vous éloignez pas trop de la maison, restez dans votre milieu, les trop grands dépaysements ne vous conviendront pas. En revanche, vous serez peut-être intéressé par ce qui concerne l'éducation et la psychologie.

Côté santé, vous serez guidé par le bon sens. Vous devrez tout de même dépenser votre énergie là où ça compte, car vous n'en aurez pas toujours de surplus ; votre ténacité compensera, mais il faudra tout de même aller dormir assez tôt le soir et être attentif à votre alimentation. Une certaine nervosité pourrait vous toucher, donc évitez les surplus de café.

Côté vacances ou voyages, partez souvent et pour peu de temps. Préférez les courtes escapades aux longs périples. Vous aurez la bougeotte, mais aussi grand plaisir à vivre dans l'intimité.

L'amitié

Le cycle que vous vivez en ce moment vous rapproche des relations simples, intimes, et des gens de votre entourage. Vos amis et votre famille prendront donc une bonne place dans votre univers. Du côté des amitiés, vous cultiverez celles où vous trouvez un terrain d'entente et des intérêts communs. Si vous avez l'impression d'avoir peu d'amis, c'est peut-être que dans les dernières années vous vous êtes éloigné. Si vous reprenez contact avec des gens que vous avez connus dans le passé, cela pourrait vous ressourcer bien plus que vous ne le pensez.

La famille

La famille vous stimulera, vous soutiendra, vous encouragera. Le fait de partager une culture commune et une expérience similaire rendra tout plus simple. Très actif, vous ne tiendrez pas votre langue et si quelques proches vous donnent du fil à retordre, il pourrait y avoir quelques esclandres. Comme vous n'aurez pas votre langue dans votre poche, vous pourriez parler un peu trop vite au goût de certains. Il vaudra mieux tourner votre langue dans votre bouche sept fois plutôt que d'avoir à corriger une situation dramatique.

Ce qu'on aimera de vous cette année

On appréciera votre bagout et vos idées surprenantes, en même temps que votre sérieux. Votre humour, plutôt pince-sans-rire, sera également apprécié. Vous rendrez tout plus agréable dans l'intimité.

Votre défi

Délivrez-vous de l'anxiété, si elle fait partie de votre façon d'être. La recette est simple: apprenez à respirer lentement et vivez chaque moment, vivez au présent.

L'année selon votre élément

Si vous êtes né Buffle de Métal

D'un naturel consciencieux et discipliné, vous menez généralement vos projets de main de maître et il n'y a pas grand-chose qui vous résiste. Cette année encore, vous continuerez dans la même voie tout en acquérant plus de souplesse avec les gens. Vous ne ralentirez pas vos activités, vous serez même particulièrement actif; toutefois, vous agirez avec plus de sensibilité, ce qui vous permettra d'évoluer sur un plan plus humain, plus riche de vos interactions avec les autres. Bons aspects pour les réussites financières. Un peu d'inquiétude sur le temps qui passe, rien de dramatique: après tout, vous devez bien vous rendre compte que vous êtes en pleine forme! L'intimité sera reposante.

Si vous êtes né Buffle de Feu

À la fois enthousiaste et réaliste, vous n'êtes pas du genre à vous laisser arrêter par les obstacles. Normalement vous foncez, parfois sans avoir pris le temps de faire des plans précis. Cette année, vous continuerez d'agir, mais en réalisant que vous pouvez également vous arrêter, observer, réfléchir pour ensuite prendre une décision. Les gens de votre entourage se révéleront de bon conseil. Personne ne viendra vous mettre des bâtons dans les roues. Vous pourriez vous découvrir une nouvelle passion. Plonger dans une activité vous fera le plus grand bien. Approfondissez vos connaissances sur un sujet pointu, vous en saurez bien plus à la fin de l'année.

Si vous êtes né Buffle d'Eau

C'est une bonne période pour vous adoucir, pour vous assouplir, pour prendre le temps d'apprendre encore ou simplement pour ralentir la cadence. Peut-être que vous avez pas mal de responsabilités par les temps qui courent, mais vous aurez plus d'énergie que dans les dernières années, ce qui vous donnera l'occasion de mener vos projets à bon port. C'est une bonne année pour stabiliser votre situation professionnelle et pour augmenter votre confiance en vos capacités. Des réussites vous stimuleront. Bonne année également pour les apprentissages. Intimité chaleureuse.

Si vous êtes né Buffle de Terre

Vous pourriez faire connaissance avec des gens sympathiques qui apporteront de l'eau à votre moulin durant les prochains mois. Vous serez ouvert à de nouvelles rencontres et des gens avec lesquels vous partagez des intérêts de travail ou d'activités pourraient vous faire voir la vie autrement. Vous ne vivrez pas de grands changements, mais certains détails vous rendront la vie plus agréable. Ouvert d'esprit et de cœur, tout sera facile pour vous. Votre réalisme, allié à une imagination plus vive qu'habituellement ainsi qu'à des événements chanceux, fera en sorte que vous vivrez une année paisible. Si vous devez faire face à quelques obstacles, vous les éliminerez grâce à votre sens de la diplomatie. Écoutez bien ce que les autres disent, ensuite prenez vos décisions par vous-même. Votre sagesse innée vous fera voir les possibilités les plus intéressantes.

Si vous êtes né Buffle de Bois

Vous êtes d'un naturel paisible et vous n'aurez pas de grandes surprises pendant l'année, si ce n'est des rapprochements avec les gens que vous aimez. Vos projets se réaliseront en leur temps et si vous arrivez à vous délivrer d'une certaine nervosité et à lâcher prise, les quelques changements que vous souhaitez se feront en toute simplicité. En communiquant simplement vos désirs et vos projets, vous trouverez autour de vous des gens qui ont une bonne écoute et surtout de bonnes idées à vous suggérer.

Tout ce qui touche votre quotidien pourra être corrigé comme vous l'entendez. C'est une période de liberté.

Au fil des mois

Janvier

Il est important que vous soyez attentif lors de vos déplacements en cette période, car vous serez sujet aux incidents physiques. Bougez, vous en aurez à la fois un grand désir et un immense besoin, mais bougez lentement, délicatement et attentivement. Vous aurez par ailleurs une bonne concentration au travail, de même que vous vous enthousiasmerez pour un projet ou pour toute discussion. Côté cœur, vous serez assez tranquille quoiqu'en forme durant ce mois et vous vous rendrez compte que vous avez bien du plaisir à discuter de tout et de rien avec l'être aimé ou avec des amis. C'est un bon moment pour une petite escapade hors de votre quotidien. Si vous êtes au boulot ou aux études, vous serez tout de même intéressé par ce que vous faites. Cultivez les plaisirs quotidiens.

Février

C'est ce mois-ci que vous trouverez comment s'articuleront les prochains mois. Vous aurez des idées plein la tête et un goût irrépressible de faire des changements dans votre quotidien. Vous voudrez peut-être joindre un groupe, pratiquer un sport en équipe, ou même vous impliquer dans un parti politique ou une organisation quelconque. Quoi qu'il en soit, vous aurez avantage à vous joindre à d'autres, à l'extérieur de votre travail et de votre vie intime. Ajoutez une corde à votre arc en vous intéressant à une nouvelle activité. En matière d'argent, vous dépenserez peu, mais peut-être que vous trouverez des objets ou des vêtements en solde, ou une nouvelle façon de faire des économies. En amour, vous serez chaleureux. Si vous êtes célibataire, c'est peut-être le moment de sortir davantage ; si vous êtes en couple, vous vous rapprocherez de votre partenaire.

Mars

Des questions concernant votre habitation pourraient retenir votre attention. Vous auriez avantage à faire quelques changements pour améliorer l'ambiance. En famille, la communication sera bonne et chaleureuse. Vous vivrez des rapprochements. Votre force sera dans votre manière de communiquer avec les autres.

En amour, vous susciterez des sentiments tendres. Pour ce qui est de votre santé, vous pourriez vivre quelques tensions bien normales en cette saison. Dormez un peu plus et tout rentrera dans l'ordre. Si des gens vous en demandent trop, qu'ils soient de votre intimité ou non, apprenez à dire non. Nul besoin de provoquer un affrontement, vous aurez toute la diplomatie qu'il faut pour faire bifurquer ce qui vous ennuie.

Avril

Durant les prochaines semaines, vous aurez besoin d'un peu plus de repos que d'habitude. Le jour, vous poursuivrez vos activités, mais le soir venu, il sera bon d'en faire le moins possible et de vous détendre. Vous serez d'humeur plutôt réservée et tranquille, et vous ne ressentirez pas le besoin de beaucoup parler. Vous vous confierez assez peu, vous écouterez davantage que vous parlerez. En matière de finances personnelles, votre attention aux détails vous vaudra de bonnes retombées. Si vous vous posez des questions sur vos activités, c'est peut-être qu'il est temps de les modifier quelque peu. Il ne sera pas nécessaire de changer grand-chose ; de simples aménagements d'horaire ou d'espace pourront sûrement suffire. Dans votre vie du cœur, ne vous vengez pas inutilement, mais faites connaître vos insatisfactions. Si vous gardez pour vous seul trop de frustrations, vous éclaterez. Autrement, vous vous libérerez tout doucement, sans blesser l'être aimé. C'est la période toute désignée pour retrouver l'équilibre dans votre quotidien.

Mai

Vous aurez une énergie très positive en ce qui touche vos associations. Vous serez à l'écoute des gens, ils seront à l'écoute de vous. Vous serez capable de travailler de concert avec les autres, sans que personne y perde son individualité. Dans une association, précisez ce que vous attendez, soyez clair et ne laissez rien dans le vague ; autrement, ça vous retombera dessus plus tard. Côté cœur, vous serez attentif à ce que votre communication soit bonne. C'est une période faste pour tout ce qui touche vos sentiments, en amour comme en amitié. Il n'y a rien qui vous fera sortir de vos gonds. Et si vous ressentez un tout petit peu de tension, dépensez-vous physiquement. En matière d'argent, vous ferez une bonne affaire vers la fin du mois.

Juin

En *juin*, juste avant l'été, vous ferez des efforts là où il le faut pour changer ce qui ne vous convient plus. En étant attentif à vous-même, vous saurez faire les choix les plus judicieux. En matière d'argent, si vous n'avez pas le contrôle de votre situation financière, vous recevrez une aide ou un cadeau inattendu. N'attendez pas l'impossible de l'amour et de la famille, car malgré le beau temps, les proches pourraient être un peu sur les dents. Cela dit, vous verrez que vers la fin du mois, les gens qui vous entourent changeront d'état d'esprit. Certains projets pourraient évoluer rapidement vers ce que vous désirez. Côté santé, vous aurez une forte énergie.

Juillet

Échanges nombreux et fructueux avec les gens qui vous entourent. Votre opinion sur certaines personnes pourrait se modifier au cours des prochaines semaines. Des gens que vous connaissiez peu se révéleront drôles et plaisants, et vous constaterez qu'il ne faut pas se fier aux premières impressions. Si vous êtes en vacances, vous n'aurez pas à partir loin pour être heureux ; même dans votre demeure, vous serez parfaitement à l'aise. Vous aurez un côté casanier et tranquille. Si vous êtes au loin, organisez une certaine routine dans un ou deux lieux plutôt que de vous promener sans cesse. Vous aurez l'imagination vive ce mois-ci, utilisez-la pour faire connaître vos nombreuses idées, mais ne vous racontez pas d'histoires saugrenues. Vous pourriez nouer de nouvelles amitiés. Dans tout projet que vous menez, vous aurez à la fois de la chance et de l'habileté.

Août

Vous serez casanier, ou du moins vous souhaiterez améliorer votre confort à la maison. Des questions familiales retiendront votre attention, vous serez en position de faire vivre aux gens que vous aimez des moments agréables. Tout ce qui touche vos attachements familiaux et sentimentaux retiendra votre attention. Vous vivrez des moments de douceur et de tendresse dans votre environnement intime. Si vous avez un projet en tête, préparez-le, planifiez-le, mais vous le commencerez plus tard. Vous entrerez dans un nouvel état d'esprit, à la fois paisible et raisonnable. Responsable de nature, vous aborderez tout avec sérieux et attention. Gardez tout de même du temps pour ne rien faire ou simplement pour vous amuser. Pour votre santé, vivez en bonne entente avec votre corps.

Septembre

Côté cœur, faites tout en votre pouvoir pour choyer et faire plaisir à la personne que vous aimez. Vous saurez rendre le quotidien plaisant, vos idées seront à la fois créatives et réalisables. N'oubliez pas que l'amour a besoin qu'on s'occupe de lui. Du côté des communications, tout se passera comme vous le souhaitez, mais évitez de vous illusionner. Précisez ce que vous pensez et écoutez ce que l'on vous répond. Dans vos activités, vous pourriez ressentir un léger vague à l'âme, avoir le sentiment de trop bien connaître ce jardin. En prenant le temps de réfléchir et de définir les défis qui vous intéressent, vous retrouverez votre enthousiasme sous peu. Pour être en santé, il n'y a pas 36 solutions ; vous les connaissez, mettez-les simplement en pratique. La rentrée promet beaucoup d'action.

Octobre

Vous aurez une grande habileté en matière de finances personnelles durant les prochaines semaines. Parmi ceux de votre signe, les gens d'affaires feront des bénéfices, les personnes qui ont économisé en verront des résultats, d'autres pourraient recevoir une somme inattendue. Par ailleurs, au travail vous pourriez avoir à résoudre un problème complexe ; une solution sera trouvée, mais vous devrez y travailler. Vous entrerez sous peu dans un tout autre état d'esprit : vous deviendrez plus calme et plus curieux tout à la fois. Côté cœur, vous pourriez vivre des moments de tension. Laissez passer le temps, il règle bien des choses. Mais ne dites pas non à une conversation éclairante. En écoutant, vous comprendrez mieux certains faits. Voyez des amis durant les prochaines semaines, vous aimerez bien rire. La vie de famille sera sans histoire, mais un proche pourrait ressentir le besoin de se confier.

Novembre

Vous aurez une approche concrète dans tous les domaines de votre vie. Votre esprit pratique vous guidera vers de bons choix. Dans vos activités, vous aurez de bonnes idées, mais surtout des objectifs réalisables. Vous ressentirez le besoin de vivre dans un environnement plaisant. Côté cœur, vous pourriez être trop possessif ; essayez de vous raisonner, n'imaginez pas des choses qui n'existent pas. Vous pourriez ressentir un vif besoin de confier certains ennuis que vous avez à quelqu'un, mais hésiter à le faire par crainte d'être ennuyeux... Surtout, sachez que si quelqu'un vous aime bien ou beaucoup, il ne pourra qu'apprécier cette marque de confiance. Restez ouvert en cette saison où les journées sont plus courtes. Pour cultiver la bonne humeur, rien de tel que de voir des amis.

Décembre

Vous pourrez profiter encore de cette période de l'année pour préciser vos projets à venir. Vous avez certainement fait quelques pas dans le sens voulu ; il est temps maintenant de concrétiser un ou deux rêves. Vous constaterez que vous avez besoin d'un peu plus de tranquillité que d'ordinaire, mais vous serez en même temps enthousiaste quant à vos relations avec les gens que vous côtoyez. Réglez toute mésentente ce mois-ci, ne laissez plus traîner ce qui ne va pas. Le silence est peut-être d'or, mais il ne serait pas bon de vous taire, car une explication simple réglerait tout différend. Si vous vivez quelque tension dans vos associations, réfléchissez avant d'agir. En pensant à plusieurs solutions, vous en détecterez une meilleure que les autres. Quelles que soient vos activités, vous devrez exprimer vos idées. Côté cœur, les rituels ne vous ennuieront pas ; au contraire, ils vous rassureront et vous réchaufferont le cœur.

Le Tigre

Tigre de Feu : du 13 février 1926 au 1er février 1927

Tigre de Terre : du 31 janvier 1938 au 18 février 1939

Tigre de Métal : du 17 février 1950 au 5 février 1951

Tigre d'Eau : du 5 février 1962 au 24 janvier 1963

Tigre de Bois : du 23 janvier 1974 au 10 février 1975

Tigre de Feu : du 9 février 1986 au 28 janvier 1987

Tigre de Terre : du 28 janvier 1998 au 15 février 1999

Tigre de Métal : du 14 février 2010 au 2 février 2011

Vous êtes... volontaire, déterminé et énergique.

Votre esprit est vif et pénétrant.

Né sous une bonne étoile et enthousiaste, vous irez loin.

Être chef vous convient parfaitement.

La personnalité du Tigre

Le Tigre est vif et rebelle. Doté d'un tempérament énergique et courageux, il peut être audacieux jusqu'à l'imprudence. Chose certaine, les risques ne l'effraient pas. C'est un grand amoureux de la vie et elle le lui rend bien. Il lui faut des aventures, des dangers, des élans, des défis et des folies.

Le Tigre a toujours fière allure. Il peut même avoir un côté poseur. Pour lui, la vie est un immense théâtre. C'est aussi un être généreux à l'âme noble. Il dit simplement ce qu'il pense, il est direct, que ça plaise ou non. Pour lui, il n'y a pas de situation désespérée et même s'il a souvent des inquiétudes, il agit pour fuir les événements qui ne lui conviennent pas.

Le natif du Tigre aime le prestige, les honneurs, l'apparat et il respecte la hiérarchie. Il est à l'aise quand il est au centre de l'attention. Il ne connaît pas la demi-mesure. Il ne suit pas les chemins déjà balisés : c'est un innovateur et un idéaliste. En plus, il a un sens de l'humour très fin.

Dans son secteur d'activité, le Tigre adore les défis et se révèle toujours efficace. C'est un séducteur et un vendeur. Il peut convaincre n'importe qui de n'importe quoi. Être patron lui convient totalement. Employé ? Il pourra l'être temporairement, mais pour être bien dans sa peau, il vaudra mieux qu'il gravisse les échelons. Sans espoir d'avancement, il végète et devient triste. C'est un leader-né. Il peut parfois paraître un peu instable parce qu'il réagit fortement quand ça ne va pas. Évidemment, il n'est pas reconnu pour mettre de l'eau dans son vin. Les compromis ne sont pas son fort. Il n'a pas un grand besoin de sécurité ; s'il perd tout, il repart à zéro et remonte la pente. On dit qu'il peut changer d'emploi comme il l'entend. Il a un côté humanitaire très fort qui l'incite souvent à servir une grande cause. En fait, c'est un généreux qui aime l'éclat. Pour bien s'entendre avec lui, il vaut mieux prendre son sens de l'honneur au sérieux. Pour bien travailler avec lui, il faut être franc et sans timidité, car il apprécie la droiture. Il vaut mieux aussi savoir qu'il obéit d'abord à son instinct et à ses émotions. La planification n'est pas son fort, elle ne l'intéresse pas. Il préfère se laisser inspirer. Il ne fixe pas longtemps son attention sur la même chose. Il recherche les défis et excelle dans les communications. Il tolère difficilement la médiocrité.

En matière d'argent, le Tigre ne souffre pas d'insécurité : engranger lui paraît être une perte de temps. Ce n'est pas un matérialiste, il partage facilement ce qu'il gagne. Il établit toujours de bonnes relations en affaires, mais il peut s'enthousiasmer devant la perspective d'un gain, puis perdre de l'intérêt.

Côté affection, on n'est jamais tiède à l'égard d'un Tigre. On l'aime follement ou on le supporte difficilement, mais dans tous les cas, on le respecte. Il séduit par son magnétisme. Il est énergique, entreprenant et il exprime ses désirs sans hésiter. C'est, de fait, un très bon communicateur : il comprend les gens et peut aussi se faire comprendre. Il a une nature affectueuse et aime la compagnie. En famille, il est vivace et prévenant, mais il préfère être au centre de l'attention. En amitié, il mettra assurément du piquant dans votre vie. Il est toujours présent quand un proche est dans le besoin.

En amour, le Tigre est profondément idéaliste et passionné. Il aime les gens qui sortent de l'ordinaire et aspire à une relation exceptionnelle. Il vit des relations hors du commun, aime conquérir et être séduit. Il ne faut surtout pas le décevoir, car il peut renier complètement ce qu'il a ressenti. Madame Tigre a une allure à vous couper le souffle. Elle est d'une indépendance intraitable. Elle sera plus heureuse avec un homme patient. Monsieur Tigre est un chasseur invétéré. Il peut sembler autoritaire ; il est en réalité très sensible à l'effet qu'il produit. Guidés par leurs émotions et leur instinct sûr, les natifs du Tigre, hommes et femmes, impressionnent et s'en tirent bien dans la vie.

Ses rôles

- L'enfant est affectueux et friand des marques d'affection.
- Le parent est plein de vitalité. Il protège ses enfants et il ne les domine pas.
- L'amoureux est ardent et expressif.
- L'enseignant est démocrate: il stimule l'intérêt, il éveille la curiosité.
- En affaires, le Tigre s'associe aux bonnes personnes.
- Le patron est fier, dynamique et imprévisible.
- L'ami ou le collègue met du piquant dans la vie. On peut compter sur lui.
- L'ennemi est intraitable. Il n'a rien contre la rivalité.

Ce qu'il représente

Les Chinois disent que le Tigre «remue le bois», ce qui signifie qu'il fait croître ce qui est vivant et protège les gens contre les désastres naturels. Toujours selon les Chinois, cinq tigres sont considérés comme les protecteurs et les gardiens des portes de la voie de l'espace.

Les éléments

Le Tigre de Métal est passionné, impulsif et anxieux. L'élément Métal peut lui donner un caractère dur. Ce natif a besoin de liberté et de pouvoir pour s'épanouir. Pour lui, vive la compétition!

Le Tigre d'Eau est humaniste, lucide et réaliste. L'élément Eau, en relation avec la sensibilité et les émotions, confère au natif une grande réceptivité, de l'imagination et le besoin d'harmonie. C'est un Tigre intuitif.

Le Tigre de Bois est diplomate et charmant. L'élément Bois favorise chez lui l'expansion et l'épanouissement, le bonheur et la générosité. Le natif se caractérise par sa tolérance.

Le Tigre de Feu est très actif, démonstratif et équilibré. L'élément Feu le pousse à s'extérioriser. Il confère chaleur, générosité et joie de vivre au natif, qui est toutefois difficile à calmer quand il s'enflamme.

Le Tigre de Terre est orgueilleux, compétent, constant et attentif. L'élément Terre renforce son sens de la réalité et son esprit pratique.

Harmonies et conflits

++ Le Tigre s'entend très bien avec le Cheval et le Chien. Ces trois-là se distinguent par leur sens de la justice. Ils sont altruistes et extravertis. Avec le Cheval, le Tigre connaîtra le bonheur en famille et de multiples succès au travail. Au Tigre courageux, le Chien apporte son sens pratique.

\+ Entre le Tigre et le Sanglier, l'entente est mutuelle et durable. Ils se soutiennent et se stabilisent. Dans les liaisons sentimentales prolongées, les Tigre qui choisissent des natifs du Sanglier sont bien inspirés. Le Sanglier apporte sagesse et amour au fervent Tigre.

– Avec le Buffle, le Serpent et le Singe, les relations peuvent être tendues, à moins que l'un d'eux n'ait un ascendant stabilisateur.

Prévisions pour le Tigre

Les défauts des autres vous frappent :
faites plus attention à leurs bonnes qualités.
C'est ainsi que vous ménagerez l'amitié.

Sagesse chinoise

Du 3 février 2011 au 22 janvier 2012

L'année 2011 sera très active à tous points de vue, mais vous sentirez en particulier que vos relations avec les gens vous aident tant à réaliser vos plans qu'à vivre en harmonie avec ce qui vous entoure. Dans l'intimité et dans vos activités, vous rencontrerez beaucoup de nouvelles personnes, et surtout vous vous intéresserez davantage à ce qu'elles sont et à ce qu'elles font.

Vous serez également confronté à la volonté de certaines personnes, volonté qui ira peut-être parfois dans le sens contraire à la vôtre. Vous apprendrez encore un peu plus comment agir avec vos proches de manière que chacun y trouve son bonheur, et comment collaborer avec les gens de votre entourage. Bonne année pour faire équipe, donc. Dans les faits, quand vous aurez terminé ce cycle, vous serez certainement en paix avec vos amis, les gens de votre famille, vos collègues. Tout en respectant vos valeurs profondes, vous comprendrez mieux celles des autres.

Ce sera une bonne période pour vous engager, pour signer divers contrats, pour établir des ententes à long terme. Ce sera également une période propice pour remettre les pendules à l'heure: si vos principes de vie ne sont pas respectés par un proche, vous aurez du mal à poursuivre la relation. Vous aurez la responsabilité d'évaluer vos liens, de voir si vos ententes sont fondées sur du vrai.

Vous aurez une vie sociale active et vous en tirerez du plaisir. Invitez des gens à la maison et acceptez avec plaisir toutes les invitations, car vous serez très heureux en compagnie des autres, surtout dans le cadre de moments de détente.

Si vous faites face à quelques reprises à un obstacle ou à un malentendu, tant dans votre vie personnelle que dans vos activités, restez calme, prenez le temps de réfléchir avant de réagir et faites confiance à la vie. En tenant compte à la fois de vous et de la réalité qui vous entoure, vous saurez quelles solutions sont les bonnes.

Vous verrez que ceux qui vous aiment sont prêts à faire beaucoup pour votre bonheur; vous verrez aussi que vous êtes capable de don de soi. Voici une année où les relations seront au centre de tout.

Vos amours

Côté cœur, vos amours se vivront sur un mode généreux durant toute l'année, car vous serez dans un bon état d'esprit pour tenir compte des gens. Il ne s'agit pas de vous oublier pour les autres et de mettre de côté vos aspirations profondes. Si vous êtes tenté de faire trop de compromis pour l'être aimé, si vous vous oubliez pour satisfaire votre partenaire, vous en prendrez conscience au cours des prochains mois et vous réaliserez que cela ne vous mènera pas vers le bonheur. Par ailleurs, si vous faites cavalier seul en ne tenant pas compte de l'autre, vous vous apercevrez que cela n'est pas le bon chemin. Il y aura un besoin d'être vous-même dans la relation. C'est faisable et vous y arriverez. Si vous sentez que votre relation sentimentale arrive à un point où elle devrait prendre une nouvelle direction, plutôt que de demander à l'être aimé (ou aux gens que vous aimez) de changer, ce sera une bonne idée de changer vous-même ; n'oubliez pas que si vous adoptez une attitude différente, les autres auront aussi une attitude autre.

Si vous êtes célibataire, c'est une bonne année pour vous engager, pour vous rapprocher d'une personne que vous aimez ou pour faire une rencontre significative. Vous serez à la fois intuitif et tenté de vous associer.

Votre ouverture de cœur vous permettra d'écouter vraiment ce que les gens ressentent et pensent. Ce qui vous semblait complexe ou impossible jusqu'à aujourd'hui se simplifiera naturellement. Une attitude ouverte et votre bonne humeur faciliteront les rencontres et les rapprochements. Vous aurez peut-être le désir d'aller plus loin dans vos relations intimes. En développant votre patience, vous gagnerez pas mal de sécurité intérieure. Dans vos rapports sentimentaux en général, vous ferez preuve d'ouverture, mais également d'un bon jugement ; et si vous sentez qu'une relation n'a pas d'avenir, vous ne perdrez pas d'énergie à la faire durer. En ce qui vous concerne, tout ce qui se fait à deux est privilégié cette année, mais vous ne perdrez pas pour autant votre indépendance d'esprit.

Il faut juger les sentiments par des actes plus que par des paroles.

George Sand

Si vous êtes en couple, vous pourrez renouveler vos vœux en faisant un voyage ou en prenant de longues vacances ensemble. C'est une bonne année pour vous rapprocher de la personne aimée et pour passer plus de temps avec elle. Privilégiez la vie à deux, car vous y trouverez plus de réconfort et de tendresse que jamais.

Si, par ailleurs, vous sentez que votre chemin s'éloigne de celui de la personne aimée, vous le réaliserez pleinement durant les mois à venir et vous verrez de quelle façon agir. N'oubliez pas de parler de ce que vous ressentez, mais faites-le au bon moment.

Vous n'aurez pas un grand besoin de vous affirmer, mais plutôt un bon esprit de collaboration, ce qui est bon pour le couple. Peu de grandes vagues à l'horizon, vous vous installerez dans la continuité et dans la stabilité, à moins que vous ne vous rendiez compte que vous n'avez pas les mêmes perspectives que votre partenaire. Somme toute, une énergie positive vous guidera tout au long de l'année.

Cœur attention !

- Vous aurez peut-être tendance à trop analyser votre vie sentimentale, ce qui ne serait pas utile.
- Si vous êtes célibataire, ne vous jetez pas dans les bras du premier venu, observez avant tout.

Cœur atout !

- Vous aurez un fort esprit de clan, une capacité de tenir compte de l'être aimé.
- Les gestes d'amour parleront davantage que les mots.

Vos activités

C'est par votre sens de la réalité que vous vous distinguerez, tant dans vos activités qu'à votre travail. Vous aurez une approche concrète et vous serez apte à collaborer avec tous de manière constructive. Si vous devez travailler avec des gens que vous appréciez peu ou pas, ce sera difficile pour vous de garder la tête froide : vous aurez tendance à prendre cela à cœur et à vous en faire inutilement en y pensant trop. De même, si certaines personnes ont des opinions ou des principes opposés aux vôtres, vous pourriez avoir de la difficulté à lâcher prise et à ne pas vous en faire avec cela. Donc, si c'est possible, tâchez de collaborer avec des gens qui vous ressemblent.

Souhaitez-vous réaliser un projet précis ? Si oui, vous serez en mesure de le faire au cours des prochains mois : vous trouverez l'énergie et l'assistance nécessaires pour y arriver.

Si vous êtes aux études, vous aurez une bonne concentration et un esprit d'équipe très en éveil, ce qui facilitera vos apprentissages.

Cette année, vous repérerez aisément les gens qui vous ressemblent. N'hésitez pas à vous associer à certaines personnes avec qui vous avez des points communs. Ce serait même une période parfaite pour vous associer à d'autres. Les emplois à long terme sont favorisés, ainsi que les signatures de contrat.

Si vous trouvez que votre emploi est trop exigeant ou si vous ressentez qu'on vous en demande trop, vous serez en mesure de voir clairement ce qu'il en est réellement. Vous serez capable de négocier, ayant en tête tous les éléments de la question.

Les patrons, les collègues et les associations

Vous serez en mesure de vous entendre relativement bien avec votre entourage, au travail ou dans vos activités, durant les mois qui viennent, car vous serez capable d'entendre et d'écouter les opinions et les idées des autres ainsi que de faire valoir vos opinions et vos idées. Vous aurez des rapports équilibrés.

Ayant un bon esprit de groupe en même temps que du leadership, vous pourriez être invité à collaborer davantage avec certains collègues. Associez-vous aux gens avec qui vous partagez des vues communes, et tâchez de vous tenir loin des autres.

C'est une excellente année du côté des associations, à condition que vous sachiez choisir les gens auxquels vous vous joindrez. Une fois cela fait, vous n'aurez plus aucune hésitation.

Une ou deux clés dans vos activités

- Aux collègues comme aux partenaires d'activités, il sera important de ne pas donner trop ou trop peu. Soyez équitable.
- C'est par vos associations que vous avancerez.

L'argent et les biens

Vous aurez un bon sens des affaires et de vos intérêts durant les mois à venir. Vous vous intéresserez de près à des questions de gains, et si vous souhaitez mieux vous établir, vous serez en mesure de le faire. Votre situation est propice à des changements positifs. Une approche réaliste et concrète vous sera des plus utiles dans toute question d'argent.

Il est possible que vous vous inquiétiez pour vos proches. Ce serait une bonne idée de leur donner un coup de main si vous êtes en mesure de le faire et si vous sentez que cela est un soutien nécessaire. Autrement, rappelez-vous l'histoire du pêcheur qui apprend à l'autre à pêcher plutôt que de lui donner des poissons. Si vous-même êtes dans une période de vie où une aide extérieure serait nécessaire, demandez-la aux bonnes personnes, on ne vous dira pas non.

Vous pourrez récolter certains bénéfices durant les prochains mois et la vie matérielle ne devrait pas trop vous préoccuper.

Étant actif de nature, vous aurez probablement mille et une idées sur des façons de faire fructifier votre argent. Faites-le en restant en accord avec vos valeurs.

Votre situation promet d'être bonne, car bien que d'un naturel assez dramatique, vous savez généralement garder les pieds sur terre quand il est question de biens matériels. Vous n'aurez pas tendance à accorder votre confiance au premier venu, vous viserez l'équilibre en tout et vous l'atteindrez.

$$ Une ou deux astuces pour augmenter votre pécule

- Une forte capacité d'analyse et de négociation vous caractérisera au premier trimestre.
- Au printemps, comptez vos avoirs avant de vous lancer dans de folles dépenses.
- Faites un investissement dans la troisième partie de l'année.

La forme, la santé, les loisirs

Vous serez capable d'une grande attention aux autres cette année, et vous sentirez que vous ne serez pas solitaire pour deux sous. Vous serez plus à l'aise et de bonne humeur en compagnie que seul. Privilégiez les activités à deux ou de groupe, car vous aurez de très bonnes capacités de collaboration. Un voyage pourrait vous tenter : en amoureux, entre amis ou même en groupe.

Du côté des activités physiques et des loisirs, vous trouverez du plaisir dans les exercices qui se font à deux ou en équipe. Le golf, le tennis, le badminton pourraient vous ressourcer beaucoup. Vous serez à la fois porté à la collaboration, attiré par les défis et tenté par une saine compétition. Côté loisirs, vous tirerez un grand plaisir de toute activité qui fera appel à votre créativité. Vous pourriez découvrir de nouveaux terrains de jeu (de nouveaux loisirs), mais vous serez plus probablement dans la continuité des dernières années.

L'amitié

Toutes vos relations porteront l'empreinte de votre attention bienveillante. Vous vous intéresserez aux autres de la meilleure manière : en prenant le temps de les écouter vraiment. C'est une année merveilleuse pour vos amitiés, car vous serez porté par une grande générosité doublée d'un sens du détachement. Il faudra par ailleurs vous éloigner un peu si vous sentez qu'une relation vous retient à l'arrière ou vous étouffe. Savoir dire non est aussi important dans la vie.

La famille

En famille, vous vous entendrez davantage dans les situations où vous faites face à une seule personne ; vous aurez du plaisir à discuter de toutes sortes de sujets, vous pourriez avoir besoin de parler davantage, et pour cela, un membre de votre famille sera présent. Vous continuerez d'avoir un bon esprit de famille, sauf que vous vous entendrez mieux avec vos proches si vous pouvez converser profondément à propos de ce que vous ressentez.

Ce qu'on aimera de vous cette année

On aimera votre attention et votre délicatesse du cœur. On appréciera aussi votre sens des responsabilités, vos idées claires et votre capacité de prendre des décisions.

Votre défi

Repérez rapidement les gens qui n'ont rien à faire dans votre vie, et agissez diplomatiquement, mais fermement.

L'année selon votre élément

Si vous êtes né Tigre de Métal

Vous continuerez d'aller votre petit bonhomme de chemin sans vous en faire avec des peccadilles. L'année sera en continuité avec l'an passé et vous prendrez la vie comme elle vient. Essayez en 2011 de cultiver la douceur et de développer plus d'indulgence, tant envers vous qu'envers les autres. Vous voudrez être libre d'agir, cela vous sera nécessaire. Si vous manquez un peu de cet élément dans votre vie, prenez le temps d'y penser et vous trouverez un moyen tout simple de prendre votre envol ; parfois, un simple changement suffit.

Si vous êtes né Tigre de Feu

Vous serez certainement un élément rassembleur dans toute équipe cette année, car vous aurez à la fois de l'enthousiasme et un grand sens des responsabilités. C'est un bon moment pour agir concrètement dans tous les aspects de votre vie. Les gens auront tendance à vous témoigner de beaucoup d'amour, ce qui vous réchauffera le cœur. Vous serez en grande forme et prêt à agir pour aller vers ce que vous désirez. La seule chose à surveiller est votre propension à ne pas savoir vous arrêter : eh oui, vous avez le droit de vous amuser et de ne rien faire une fois de temps en temps. Bonne cuvée pour l'amour, pour un avancement professionnel, pour les gains aussi.

Si vous êtes né Tigre de Terre

C'est une année paisible qui s'annonce pour les natifs de votre signe. Vous irez votre petit bonhomme de chemin et personne ne viendra contrecarrer vos plans. Sociable, vous apprécierez beaucoup la compagnie des gens. Vous pourriez créer des rapports privilégiés avec une personne que vous connaissez peu. C'est un bon moment pour concrétiser un rêve, car vous saurez faire la part de ce qui est réalisable et de ce qui ne l'est pas. Les gens de votre famille vous réservent de belles attentions durant les mois qui viennent : ils voudront votre bonheur et ils vous le prouveront.

Si vous êtes né Tigre d'Eau

C'est une bonne année pour augmenter votre pécule ou pour améliorer votre situation au travail. Vous aurez une approche concrète et vous ne serez pas du tout tenté de vous la couler douce et de rêver votre vie plutôt que de la vivre durant les prochains mois, ce qui vous permettra d'aller de l'avant dans tout projet qui vous passionne. Vos proches auront besoin de vous, prenez le temps de vous arrêter et de les écouter. Plus intuitif que jamais, vous guiderez ceux qui vous le demanderont du mieux que vous le pouvez. Pensez aussi à vous; laissez la vie vous surprendre.

Si vous êtes né Tigre de Bois

Ce sera une bonne année pour réaliser un projet qui vous tient à cœur. Vous prendrez conscience que même si la vie n'est pas un conte de fées, vous êtes capable de réalisations concrètes. Faites simplement attention de garder les pieds sur terre et de ne pas prendre trop de responsabilités sans en calculer les coûts. Les ambitions peuvent coûter cher. Tant dans l'intimité que dans vos activités, vos apprentissages vous serviront. Pratiquez la patience.

Au fil des mois

Janvier

Si vos gains n'augmentent pas ce mois-ci, ils augmenteront durant les mois à venir. Cela dit, c'est un bon moment pour prendre le temps d'établir vos objectifs financiers de l'année. Dans vos activités, vous vous distinguerez par une attitude paisible; vous pourriez aider les autres et les seconder. Du côté de vos relations, vous constaterez que vous n'avez pas forcément les mêmes valeurs que les gens que vous côtoyez. Votre humeur pourrait aller en dents de scie en cette période: faites des activités physiques, cela vous requinquera. Vous pourriez même aller au soleil. C'est une bonne période pour vous occuper de votre corps et de votre esprit. En faisant quelques changements, vous vous sentirez bien dans votre peau.

Février

Côté cœur, vous serez très charmant durant les semaines qui viennent et on pourrait vous faire de l'œil. Laissez-vous gâter par la vie et profitez des petits bonheurs qui vous échoient. Les amitiés seront aussi au premier plan: vous vivrez en bonne entente avec votre entourage. Un ami ou une amie pourrait vous donner un coup de main espéré ou simplement passer du bon temps avec vous. Au travail ou dans vos activités, vous pourriez faire équipe avec quelques personnes, préciser vos objectifs et évoluer vers un changement intéressant. Vous verrez que l'union fait la force. Vous trouverez un terrain d'entente avec une personne qui vous remet en question.

Mars

Votre sens des communications vous sera utile durant les prochaines semaines: vous exprimerez ce que vous ressentez, mais vous écouterez aussi ce que les gens ont à vous dire. Vous pourriez également bouger beaucoup en cette saison, et quelques escapades hors de votre quotidien vous feraient du bien. Avec les proches, il y aura de l'action, vous ne vous ennuierez pas. Physiquement, vous aurez tellement d'énergie que vous en deviendrez peut-être un peu brusque; faites attention de ne pas vous blesser. Ralentissez un peu le rythme de vos activités. Détendez-vous, c'est le moment. Vos amours iront tranquillement.

Avril

Durant les prochaines semaines, vous serez en grande forme, surtout du point de vue de vos amours et de vos amitiés. Vous aurez le goût des rapprochements et des jeux, vous serez romantique, intense et vous vous amuserez de tout. Parallèlement à cet état d'esprit, vous aurez le sens de la planification et vous pourriez modifier votre emploi du temps de manière à en tirer le meilleur parti. Côté santé, si vous souhaitez être en forme cet été, inscrivez-vous dans une centre sportif ou faites des exercices à la maison. C'est un bon moment pour modifier peu à peu votre style vestimentaire. Dans vos activités, il sera préférable de vous taire sur des questions avec lesquelles vous êtes plus ou moins d'accord. Il vaut mieux ne pas toujours dire ce que l'on pense. Vous verrez loin en cette période. La famille sera présente.

Mai

Vous vous poserez des questions sur votre futur et vous voudrez des réponses trop rapidement. Essayez de ralentir votre rythme et de ne pas devenir trop exigeant avec vous-même ou avec les autres. Dans vos activités comme dans votre intimité, vous serez très attentif aux gens qui vous entourent, en particulier durant les premières semaines du mois. Par la suite, prenez du temps pour vous-même. Quelques minutes par jour suffiront à vous détendre. En matière d'argent, la chance sera présente. Si vous choisissez de voyager, ce sera un bon moment. En tout, une volonté à la fois forte et souple vous aidera. Profitez de cet état d'esprit et de cœur pour vous rapprocher des gens que vous aimez.

Juin

Ce ne sera pas le mois pour trouver des réponses simples. Vous arriverez tout de même à mieux définir ce qui vous agace par rapport à une situation que vous vivez. Dans vos activités, vous pourriez être en contact avec une personne ayant de bonnes idées ; écoutez-la. En amour, vous aurez tendance à être rêveur et romantique. Prenez soin de votre relation sentimentale et vous verrez que l'être aimé rayonnera. Si vous êtes célibataire, vous attirerez l'attention ce mois-ci ; peut-être qu'une relation plus intime pourrait naître avec une personne que vous connaissez depuis peu. Des idées de voyage ou de vacances vous trotteront dans la tête : soyez prévoyant tout en restant souple, car vos plans pourraient changer au cours des prochaines semaines. Dans vos occupations, une personne remarquera vos qualités et capacités, ce qui vous sera certainement utile à long terme. C'est le moment de prendre soin de vous, de vous dorloter, de faire une cure de beauté et de santé.

Juillet

Faites quelques changements en ce qui concerne vos comptes et investissements, ou encore du côté de la planification à long terme. Dans vos activités, réfléchissez d'abord : vous agirez à l'automne. Vous serez intéressé par ce qui se passe avec les autres ce mois-ci, que ce soit dans votre intimité ou avec vos amis, et même avec vos collègues. Donnez toute l'importance à vos liens avec les gens, mettez au centre de vos préoccupations ceux que vous aimez et ceux que vous côtoyez. Évaluez à la loupe vos associations. L'être aimé pourrait vous surprendre par sa nature impétueuse. Vous serez sous l'emprise de son charme. Si vous êtes célibataire, vous pourriez faire une rencontre palpitante, mais il ne s'agira que d'ouvrir votre cœur et de vous laisser aller. Vous vous sentirez sensuel en cette période. Par ailleurs, vous ne serez pas à l'abri d'un incident physique dans un environnement peu familier ; donc, soyez attentif lors de vos déplacements.

Août

Gardez du temps pour ne rien faire, pour vous détendre, pour vous promener tranquillement et pour contempler la nature. Vous aurez besoin de vous reposer et ce ne sera pas forcément facile d'y arriver. Si vous finissez un projet, prenez le temps qu'il faut pour bien le terminer. Côté cœur, vous serez rêveur et attiré par les gens qui semblent venir d'ailleurs. Vous serez aussi d'une grande générosité d'âme durant les prochaines semaines. Vous pourriez également être pris d'un soudain désir de voyager, ce qui serait une bonne idée. Grâce à votre bon sens des communications, vous serez capable de communiquer vos opinions sans pour autant heurter personne autour de vous. Durant les prochaines semaines, vous serez à la recherche de l'idéal, et vous rêverez parfois de l'avoir enfin atteint. Mais vous retomberez sur terre rapidement. Toutefois, rêver ne vous fera pas de tort, bien au contraire, cela vous donnera l'occasion de mieux saisir ce à quoi vous tenez.

Septembre

Les semaines à venir seront propices à tout apprentissage. Vous serez curieux et vous comprendrez tout sans que cela vous demande un grand effort. Si vous êtes aux études ou si votre emploi exige d'être vif intellectuellement, vous aurez beaucoup de facilité durant les prochaines semaines. Côté cœur, vous vivrez des sentiments tendres à l'égard d'une personne dont la culture diffère de la vôtre. Vous serez proche de vos émotions en cette période. C'est un bon moment pour vous rapprocher des gens que vous aimez, mais vous serez peut-être tenté de rêver plutôt que d'agir. À la fin du mois, vous deviendrez peu à peu plus ambitieux. D'humeur concrète, vous ferez un organisateur hors pair.

Octobre

Côté cœur, vous aurez l'esprit routinier et une tendance à vous enliser dans vos habitudes avec l'être aimé, ce qui pourrait vous être reproché. Personne n'aime l'ennui, vous vous en souviendrez. Du côté des associations et des couples, les discussions seront nombreuses, mais elles mèneront à une meilleure entente. Très bonne chance de faire des gains sous peu. Intéressez-vous de près à vos finances personnelles, vous serez habile en la matière et vous ferez les bons choix. Cela dit, vous pourriez être trop dépensier, en particulier pour des vêtements ou des objets qui en valent plus ou moins la peine. À la maison, vous ferez des améliorations. Vous serez très couru, comme toujours, les amis et la famille vous tiendront occupé, sans compter vos activités qui seront nombreuses. Faites attention de dormir suffisamment.

Novembre

Vous serez d'humeur active et sportive et vous entraînerez vos proches dans toutes sortes d'activités. Vous vous lierez facilement aux gens, les proches comme les moins proches, et on appréciera beaucoup votre présence. À la maison, vous pourriez faire quelques rénovations ou réaménagements. Vous dépenserez peut-être pour embellir votre habitation. Côté travail, vous agirez de manière responsable et vous aurez le sens du détail dans les prochaines semaines. Vous pourriez mettre la dernière touche à un projet ou en démarrer un nouveau. Vous découvrirez que vous vous passionnez pour une activité. Vous pourriez en oublier de prendre du temps à ne rien faire et à vous reposer. Très actif de nature et peu porté à la contemplation, vous pourriez suractiver votre système nerveux.

Décembre

Les semaines qui viennent seront idéales pour les rassemblements et les fêtes. Amusez-vous, prenez le temps de voir vos amis et vos proches, et délassez-vous en faisant exactement ce qui vous tente. Vous serez très sociable en cette période et vous deviendrez facilement le pôle d'attraction. Si vous êtes au travail, il n'y aurait rien d'étonnant à ce qu'on vous offre un poste de responsabilités dans les prochains mois. Vous serez à la fois responsable et créatif, sérieux et drôle ! Plus conscient de vos ambitions et de votre désir d'évoluer dans un sens précis, vous pourriez faire des gestes concrets. Vous serez aussi souple avec tous, mais essayez de ne pas trop vous disperser. Vous aurez de la chance ce mois-ci ; ouvrez l'œil. Notez que votre volonté a porté ses fruits.

Sommaire

Achevé d'imprimer au Canada
sur papier Enviro 100 % recyclé
sur les presses de Imprimerie Lebonfon Inc.